手绘山海经

鸟兽鱼虫

第三册

于春娥 ◎ 著
方艺 ◎ 绘

江苏凤凰文艺出版社
JIANGSU PHOENIX LITERATURE AND ART PUBLISHING

图书在版编目（CIP）数据

手绘山海经. 第三册，鸟兽鱼虫 / 于春娥著；方艺绘. -- 南京：江苏凤凰文艺出版社，2025.6. -- ISBN 978-7-5594-8364-5

Ⅰ. K928.626-49

中国国家版本馆CIP数据核字第2025DP1482号

手绘山海经·第三册 鸟兽鱼虫

于春娥 著　　方 艺 绘

出 版 人	张在健
项目统筹	孙　茜
图书策划	墨染九州
责任编辑	周　璇
特约编辑	曹　月
装帧设计	乐　翁
责任印制	杨　丹
出版发行	江苏凤凰文艺出版社
	南京市中央路 165 号，邮编：210009
网　　址	http://www.jswenyi.com
印　　刷	天津睿和印艺科技有限公司
开　　本	710 毫米 ×1000 毫米 1/16
印　　张	54
字　　数	746 千字
版　　次	2025 年 6 月第 1 版
印　　次	2025 年 6 月第 1 次印刷
书　　号	ISBN 978-7-5594-8364-5
定　　价	198.00 元（全 5 册）

江苏凤凰文艺版图书凡印刷、装订错误，可向出版社调换，联系电话 025-83280257

序言

在中国，几乎男女老少都知道这样一部古老的奇书——《山海经》。

《山海经》是一部充满神奇色彩的著作，也是一部记述上古时期国家地理、神仙精怪的古籍，内容不但有山川、国家，还有药物、矿物、巫术等。里面的一草一木、一鱼一鸟、一兽一妖、一人一神都充满了无限魅力。

在《山海经》的世界里，有大禹的得力助手旋龟，有吃掉它可以消肿，祛除痔疮的虎蛟，有喜欢喝酒、跑得飞快的狌狌，有以乳为眼睛、肚脐为口的刑天……可以说，《山海经》不仅是后世文学艺术创作的源泉，也是中国传统神话传说的摇篮。

我们耳熟能详的"精卫填海""后羿射日""夸父逐日"等神话故事都是从《山海经》中诞生的，而庄子、屈原、李白、苏轼、关汉卿、蒲松龄、纪晓岚、鲁迅等人也受《山海经》影响颇深。在《山海经》的影响下，他们创作出极富想象力与创造力的作品，如《庄子》《离骚》《聊斋志异》《阅微草堂笔记》等。

在《阿长与〈山海经〉》中，鲁迅先生也用生动的语言写道："曾经有过一部绘图的《山海经》，画着人面的兽，九头的蛇，三脚的鸟，生着翅膀的人，没有头而以两乳当作眼睛的怪物……可惜现在不知道放在那里了。"

后来，鲁迅收到了长妈妈给他带来的四本《山海经》，读完后，鲁迅先生是这样描述自己当时心境的："我似乎遇着了一个霹雳，全体都震悚起来；赶紧去接过来，打开纸包，是四本小小的书，略略一翻，人面的兽，九头的蛇，……果然都在内。"

晋代诗人陶渊明在读完《山海经》后，被其瑰丽而大胆的想象所折服，然后一口气写成《读〈山海经〉十三首》，可见其影响力之深远。正因为《山海经》在中国文学中拥有极其重要的地位，所以新部编版小学语文课本中收入了《山海经》原文，而在新部编版初中语文课本中，更是明确要求孩子课外阅读《山海经》！

不过，《山海经》虽然对人们有着巨大的影响力与吸引力，因其生僻字多，孩子们读起来会很吃力。为此，《手绘山海经》应运而生！

本书将《山海经》原文进行梳理，在查阅各种资料的基础上，力图将原本生僻难懂的文字变得有趣。然而在撰写时，我们也发现，因为古籍流传版本的不同，《山海经》原文可能与我们的印象出现巨大的偏差，例如，后羿到底是人还是神？羲和与常羲的身份是怎样的？这在不同版本中就出现了矛盾，甚至在同一版本中还出现了同一个英雄或神怪在完全不同的两个故事里以不同的身份出现等问题。

鉴于此，我们结合《山海经》留下的多个版本，如《正统道藏》本、《古今逸史》本、《四库全书》本和《山海经校注》本，对所有元素都尽力做了最符合原文的说明，然终有无法尽善之处，还希望读者能够谅解。

但无论如何，作为中国古代最具有想象力、最奇异的文化典籍，阅读它，可以让我们的孩子了解我国源远流长的历史文化，增长知识，开阔眼界，丰富体验，获得乐趣。本书中长相奇特的动植物以及光怪陆离的传说故事，不仅能满足孩子对《山海经》的好奇心，而且能提高孩子的想象力与创造力。

在《手绘山海经》中，我们可以见识神奇的国家，有趣的鸟兽，威严的异人，奇幻的花草……为了提升孩子的阅读体验，本书还加入了大量精美的手绘插图。这些插图色彩鲜明，与文字搭配得非常巧妙，这种巧妙的图文搭配能让《山海经》中的神奇动物、植物跃然纸上，让《山海经》真正做到好看、好读、好懂！

下面，就让我们翻开本书，一同开启奇妙的"山海之旅"吧！

目录

上篇
上天神兽

01	四处放火的火神 毕方 …………002
02	长着人脚的大鸟 鸺斯 …………005
03	叫声像鹿一样的鸟 胜遇 …………008
04	用胡须飞行的怪鸟 当扈 …………010
05	三头六脚的鸟 鹠䳟 …………014
06	鸡身人面的鸟 凫徯 …………017
07	传递幸福佳音的鸟 三青鸟 …………020

08	驮着太阳飞起来的神鸟 三足乌 …………023
09	鸮头人脸、猴身狗尾的怪鸟 人面鸮 …………026
10	鸟翅人面的鸟 竦斯 …………029
11	明辨善恶的鸟 白鵺 …………032
12	引发战争的怪鸟 钦䲹 …………036
13	三头六尾的怪鸟 鹪鹩 …………039
14	解暑良药 蟹𪃹 …………042

15 易受惊吓体质
鹌............045

16 天帝的器物、服饰管家
鹑鸟............048

17 带来疫病的禽鸟
絜钩............051

18 一首三身的鸟
鸱鸟............055

19 鸟翼鼠猴
寓鸟............058

20 四翅狗尾鸟
嚣............061

21 五彩的野鸡
象蛇............064

22 四翅六眼三脚的凶鸟
酸与............067

23 情比金坚的单翅鸟
比翼鸟（蛮蛮）....071

中篇
陆地神兽

24 白耳猿猴
狌狌............076

25 见则动土的野兽
狸力............079

26 滑翔王者
飞鼠............082

27 鼻子有针的毒蛇
蝮蛇............085

	白毛的幼猪	
28	豪彘............088	

	长毛"领路人"	
29	旄牛............092	

	狗身人脸的怪兽	
30	山𤟤............095	

	四只角的食人羊	
31	土蝼............098	

	雌雄同体的长发野猫	
32	类............101	

	可食铜铁的猛兽	
33	猛豹............104	

	狗身豹纹长着牛角的野兽	
34	狡............107	

	独眼野牛	
35	㸲............110	

	一眼三尾的野猫	
36	谨............113	

	五尾一角的赤豹	
37	㹶............116	

	三脚牛	
38	獂............118	

	人眼猪耳的四角野牛	
39	诸怀............120	

	力大无穷的人熊	
40	罴............124	

	一眼一角的山羊	
41	辣辣............127	

下篇
入水神兽

	能呼风唤雨的鱼	
42	白鲟............132	

	鱼身鸟翅的鱼	
43	文鳐鱼............135	

	长翅膀的怪鱼	
44	𱉼鱼............137	

	叫声像猪的鱼	
45	鯩鯩鱼............140	

46	一头十身的怪鱼 茈鱼............143	52	引发大战的鱼 鳐鱼............160
47	声如狗叫的怪鱼 何罗鱼............147	53	猴身鸡爪的鱼 鲭鱼............163
48	治疗肉瘤的良药 滑鱼............150	54	长着十个翅膀的鱼 鳛鳛鱼............165
49	嘴巴像针一样的怪鱼 箴鱼............153	55	鱼头猪身的鱼 鲐父鱼............168
50	能飞又像牛的鱼 鯥鱼............155	56	鱼身猪尾的鱼 鲑鱼............170
51	蛇首六脚鱼 冉遗鱼............158	57	长着鸟头的乌龟 旋龟............172

上篇

上天神兽

四处放火的火神 毕方

分类： 神鸟类
地域： 章莪山
外貌： 独脚鹤形鸟，青色身体，红色羽毛，白色喙
特点： 出现易引起火灾

> 《山海经·西山经》《山海经·海外南经》中有"有鸟焉，其状如鹤，一足，赤文青质而白喙，名曰毕方，其鸣自叫也，见则其邑有讹火""毕方鸟在其东，青水西，其为鸟人面一脚。一曰在二八神东"的说法。喙就是鸟的嘴巴。

古时候，有一种像鹤一样的大鸟，这种鸟的身子是青色的，身上长着红色的羽毛。它还有一张白色的嘴巴，张开时非常吓人。这种大鸟只有一只腿，但翅膀很大，能在天上翱翔很久也不落地。它不像其他鸟一样吃五谷杂粮，而是喜欢吃一些稀奇古怪的东西，例如野火。

古代的时候，野外树木繁茂，闪电引起的野火经常出现，每当有野火出现的时候，这种大鸟就会飞过去把火吃掉。有的时候，它还会叼着带着火的木头飞走，所以也经常会引发火灾。

但就是这样奇怪的大鸟，曾经在无意间拯救过我们的轩辕黄帝，这又是怎么一回事呢？

当年黄帝率领炎黄部落大战蚩尤，最终把蚩尤击败，然后统一了天下。然而，还有一些人不愿归顺黄帝。

为了让中原百姓过上安定的生活，黄帝便开始四处巡游，每到一个地方便和这些反叛的人交流，教导他们放下武器，和百姓一起过上

正常的生活。一些人听从了黄帝的教诲，但还有一些人非常顽固，一定要与黄帝作对到底，这些人里面最突出的一个人就是相柳。

相柳不但与黄帝作对，还用招魂妖术引来蚩尤的魂魄，让蚩尤的魂魄继续领导叛乱。面对不安分的相柳，黄帝也只能与他作战到底。但相柳十分狡猾，总是四处流窜，让黄帝追不到踪迹。

这一天，黄帝没有带随从，正一个人驾车赶路，正好相柳就在附近，相柳看到孤零零的黄帝，便放出蚩尤的魂魄谋害黄帝。黄帝寡不敌众，正连连败退的时候，忽然听见天上一声声"毕方、毕方"的叫声。随着叫声，一只浑身青色的大鸟飞了下来，它的嘴里叼着火，用火驱赶走了蚩尤的魂魄，黄帝因此安然无恙。

因为没有人认识这种大鸟，于是黄帝便用它的叫声"毕方"作为它的名字，并封它为火神，要人们永远传颂。

可是，成为神鸟的毕方没有更改吃火的习惯，经常把火叼到人们的房子上酿成火灾，因此人们对于毕方是又敬又畏，既想要见到它，又害怕见到它之后会遭遇火灾。

长着人脚的大鸟

分类：异鸟类
地域：皋涂山
外貌：长着人足，形似猫头鹰
功效：食其肉可治疗颈瘤病

《山海经·西山经》中有"（皋涂之山）有鸟焉，其状如鸱（chī）而人足，名曰数斯，食之已瘿（yīng）"的说法。

在古代的时候，皋涂山的丛林深处有一种飞禽，它的长相像鸱鹰，眼睛像铜铃，嘴巴尖尖的，身形瘦长，翅膀和尾巴上有较长的羽毛，翅膀张开时显得特别威武。虽然它的上半身和鸱鹰几乎一样，但是长着一双和人类一样的脚，这就是传说中的数斯。

数斯虽然是一种飞禽，但是它并不像其他飞禽一样能在天空中尽情地飞翔。它的翅膀看起来威武，扇动起来也很有气势，但实际上像是摆设一样，很不发达，只能飞行很短的距离。

那么平时数斯遇到危险的时候该怎么办呢？别担心，上天给它关上了一扇门，就会给它打开一扇窗。数斯的翅膀虽然不发达，但是它的脚力很强劲，非常善于奔跑，用我们现在的话说，怎么也能算得上是一个短跑冠军了。也正因为如此，每当遇到危险，数斯总能够凭借自己过人的脚力快速脱离敌人的攻击范围，将敌人远远地甩在身后。

可就是这样脚力惊人的数斯，还是没能够活到现在，你们知道为什么吗？

当年皋涂山附近有一个拘缨国，那里几乎每个人的脖子上都长

着大大的肉瘤,这些肉瘤时常让人们十分疼痛,严重影响着人们的生活,但是从来没有人被医好过,所以大家就渐渐放弃治疗了。

恰逢鼠患猖獗,很多粮食都被老鼠破坏了,人们不得不想办法治理鼠患。有人说皋涂山里有一种白色石头,叫作礜,将它研磨成粉状可以毒死老鼠。但是因为山上的猛兽太多,一直也没有人敢轻易上山去。

有一天,一个人终于忍不住走进了皋涂山。他拿着武器,小心翼翼地四处寻找,终于在一棵树下找到了那种名叫礜的石头。正当他用手奋力地刨的时候,忽然听到身后传来一阵脚步声。

是谁来打扰他的好事?他恼火地向后看去,却见一个上身是鹞鹰、下身是人脚的动物冲他飞奔而来——是数斯!他吓得赶快挥起武器,将数斯打死了。

那人擦擦冷汗,带着数斯和石头回家去,可是因为耽误了时间,在山里迷路了。饥寒交迫之际,他想起了已死的数斯,就生火将它烤来吃了。等天一亮,那人就回家去了。

没过几天,人们发现他脖子上的肉瘤竟然奇迹般地好了,纷纷询问他是怎么治好的。那人思索一番,想起自己吃过数斯的肉,便告诉了大家。听了他的话,有一家人也去捕猎了一只数斯回来,吃了之后,肉瘤也消失了。

由此,"数斯的肉能够治愈我们脖子上的肉瘤"的消息就传遍了全国,大家纷纷组队上山猎杀数斯治病。就这样,人们的病慢慢好了,数斯也随之灭绝了。

03 叫声像鹿一样的鸟

分类：禽鸟类

地域：玉山

外貌：形似野鸡，全身长满红色的羽毛

特点：预示水灾来临

> 《山海经·西山经》中有"玉山……有鸟焉，其状如翟而赤，名曰胜遇，是食鱼，其音如录，见则其国大水"的说法。

在很久以前，在玉山之上有这样一种鸟，它的外形和野鸡相似，却通身长满红色的羽毛，嘴巴尖尖的，很细长。这种禽鸟就是传说中的胜遇。

胜遇的声音和一般的禽鸟不同，不是那种尖细的叫声，而是如同小鹿一般呦呦的叫声。它平时是靠吃鱼生存的，经常靠着自己那长长的嘴巴在河中捕鱼，十分精准，是个"捕鱼小能手"。

别看它身形不大，叫声可爱，红彤彤的羽毛也很是蓬松，就认为它是个平凡的家伙，如果有这样的想法，胜遇可是会让你大跌眼镜的。

相传，那时候人们的生活条件虽然艰苦，但是好在大家都很努力地耕作，所以日子也过得红红火火，家家户户都安居乐业。

这天，人们照常在田间努力地播种。几个猎人则去附近的玉山上打猎，把陷阱设置好后，几个人纷纷躲藏起来，等待猎物的出现。

不到一上午的工夫，他们已经捉到了好几只野鸡。想着家中的妻儿可以有肉吃，他们干活都有了力气。正当他们准备撤离的时候，忽然发现一个陷阱里被困住的"野鸡"好像有点不太一样。

这通身的红色羽毛……不好，是胜遇！意识到这一点，几个人瞬间大惊失色，连猎物都顾不得，连忙往家中跑去。

"不好了，胜遇出现了，大家快跑啊！"他们一边跑一边大声呼喊着告知村民。

村民闻言赶紧放下手中的农活，拔腿就往家里跑。

就这样一传十，十传百，胜遇出现的消息传遍了整个村子。村民拖家带口，拿着行李，一齐往地势比较高的山上跑，生怕慢了一点。

等到人差不多都到山上之后，还没来得及松口气，就听到有人喊："快看，我们的村子！"

所有人转过头向山下看去，只见洪水一下子喷涌而出，转眼之间，便将整个村落淹没，原本生机勃勃的村庄一下子变成了一片汪洋，看得人胆战心惊。幸好大家转移到山上，才没有人员伤亡，若是晚一点，可能全村的人就都被洪水冲走了。

但凡胜遇出现就预示着水灾的来临，它在的地方都会变成一片汪洋，因此，人们也将胜遇看作不祥之鸟，它一出现便"人人喊打"。

用胡须飞行的怪鸟

当扈

分类： 异鸟类
地域： 上申山
外貌： 形似野鸡，长胡须，尾巴像芭蕉叶般散开
功效： 食其肉可使眼睛不昏花

> 《山海经·西山经》中有"其鸟多当扈，其状如雉，以其髯飞，食之不眴（shùn）目"的说法。

相传古代的上申山上，遍布着很多大石头，还有一些榛树和楛树。在这里有这样一种大鸟，它留着胡子，尾巴如同芭蕉叶一般散开，长长的，人们常把它与野鸡弄混。这种怪鸟就是传说中的当扈。

当扈有雌雄之分，但是因为雌雄两种鸟的外形看起来相差不大，所以古时候人们就错认为当扈只有雌性。当扈为了繁衍，可以和任何鸟类在一起孕育后代，因此它又被称为"万鸟之妻"。

当扈虽然长得和野鸡很像，但它可不是野鸡那种"低级"禽鸟，它是能飞的"高级"禽鸟，而且它还有别的禽鸟没有的特殊飞行方式。一般的鸟类都是用翅膀来飞，起飞的时候鼓起双翼，振翅高飞。当扈不一样，它有浓密的胡须，起飞的时候可以利用咽喉下面的胡须进行飞翔，根本就不用费什么劲。

也正是因为当扈比较爱偷懒，利用胡须飞行，不如别的禽鸟用翅膀飞行专业，所以它们飞得又慢又低。

在汉代的时候，将士们要打仗，行军作战的生活非常艰苦，遇到天气好点的时候还好，若是遇到严寒酷暑，那才是真的折磨人。在这种极端的天气下，军队的供给就很难保证了，尤其是在严冬的时候，如果吃不饱饭，饿着肚子打仗，那真是危险极了。

那该怎么办呢？将士们怎么会坐以待毙呢，他们经常会在驻扎休息的时候，进山里打猎，犒劳自己。

山里的飞禽走兽众多，他们不敢走进深处，怕有危险，所以经常在外围狩猎。当扈就是在这个时候出现在了他们的眼前。

这种"野鸡"飞得又低又慢，正好作为补充军粮带回营地。将士们将当扈带回营地，交给专人煮熟了分发下去。刚吃完，就听到军营中响起来号角，敌人来袭了！

不等收拾东西，他们就纷纷拿上武器去上阵杀敌了。在战场上他们英勇无比，只觉得自己即使已经好几天都没合过眼，也一点都没有头眼昏花，甚至连眼睛都不需要眨一下，状态好极了。

这一仗他们大获全胜，虽然也有伤亡，但是每个人脸上都洋溢着胜利的笑容。后来，"当扈捕捉方便、能使人明目，让将士们拥有更强的战斗力"的传说就流传开来，由此当扈备受汉代将士的喜爱。

就这样，由于将士们的长期捕杀，再加上繁衍速度慢、繁衍需要借助别的鸟类等原因，当扈这种鸟就慢慢消失在了历史长河中。

三头六脚的鸟

鸱䳠 (chǎng fū)

分类： 异鸟类
地域： 基山
外貌： 形似野鸡，三头、六眼、六脚、三翅
功效： 食其肉可使人精力充沛、不疲劳

> 《山海经·南山经》中有"有鸟焉，其状如鸡而三首六目、六足三翼，其名曰鸱䳠，食之无卧"的说法。

在古代的基山之上，有这样一种长相怪异的鸟类，它的外形像鸡，但是有三个脑袋、六只眼睛、六只脚和三只翅膀，看上去就像三只鸡合为一体，它就是鸱䳠。

在民间传说中，鸱䳠的肉有神奇的功效，吃了它的肉，可以使人精力充沛，不会有任何疲劳的感觉，更不会打瞌睡。

相传，当年有两个国家相邻，分别是玄国和花国，但是国力相差很多。玄国国家富饶，兵强马壮，粮草充足。花国则相对来说弱一点，但是民风开放，人民都非常团结，凝聚力很强。

两个国家表面上相安无事多年，但其实背地里玄国一直想吞并花国，所以经常偷偷训练兵马。

这天夜里，玄国派兵偷袭花国，使毫无防备的花国损失惨重。

花国皇帝震怒，亲自领兵作战。全国的民众都自发地集结成了后备军，帮助军队料理后方，整个花国异常团结。

战事一连持续了两个多月，两个国家都损失惨重，尤其是军事力量不足的花国，将士们已经疲惫不堪了，每个人的身上都有血污，狼狈不堪。

　　花国的猎户从基山上捕捉了很多猎物来为将士们补充体力，希望他们能尽快将敌人赶回去，获得胜利。

　　在这些猎物之中，有一只长相怪异的鸟混入其中，但是战事紧急，做饭的人哪里管得了那么多，于是，就将它和其他动物一起烹饪了。

　　吃到长相怪异的鸟的士兵只觉得自己的身体瞬间变得轻盈了很多，一点也不觉得累了，仿佛所有疲惫一下子清空了。他跟身边的人

说起，但是他们没有这种感觉。

他们的讨论引起了将军的注意，将军将那个士兵叫到跟前，尝了尝他的汤，只一小口，就觉得自己的疲劳消除了不少。

"这是什么汤？竟然这么神奇！"将军赶忙叫来厨子询问。经过一番排查，终于锁定了这是鹒䲹肉。

如果所有的士兵都服用鹒䲹的肉，那么他们获胜的可能性岂不是增加了许多？事关重大，将军立即上报给了国王。

国王听完后，即刻派人去基山上捕捉鹒䲹，回来之后让士兵们食用。食用过鹒䲹肉的士兵果然精力充沛，战斗力立刻恢复了。

两个国家再次交战，玄国精疲力尽的战士遇到花国战斗力满满的士兵，孰胜孰败毋庸置疑。

此后，玄国再也没有侵犯过花国。鹒䲹的功效也成了花国的秘密，代代相传。

06 鸡身人面的鸟

凫徯（fú xī）

分类：禽鸟类
地域：鹿台山
外貌：人脸，身形似公鸡
特点：出现会有战争发生

《山海经·西山经》中有"又西二百里，曰鹿台之山，其上多白玉，其下多银，其兽多炸牛、羬羊、白豪。有鸟焉，其状如雄鸡而人面，名曰凫徯，其鸣自叫也，见则有兵"的说法。

古代有一座鹿台山，山上有很多白玉，山脚下则有丰富的银子。在这座山的丛林深处有一种看起来非常奇怪的鸟，叫作凫徯。这种鸟的身体和公鸡相似，却长着一张人的脸，眼神十分锐利，脸上随时随地带着一种立刻就要开始战斗的表情。

凫徯的叫声也很奇特，它的叫声就是自己的名字。"凫徯"和"福兮"同音，预示着坏的事情可以引发好的结果，而好的事情也能带来坏的结果。

像凫徯这么盛气凌人、四处捣乱、恨不得时时刻刻战斗的鸟，一旦出现，就必然会有战争发生。

当年人们居住在鹿台山附近的村庄里，因为山上的白玉和山脚下的银子，人们的生活很是富裕幸福。小孩子们经常在街上跑来跑去地玩耍，大人们也四处叫卖，一片热闹和平的景象。这里远离战乱，外面的纷纷扰扰和他们无关。

就这样过了很多年，直到有一天，人们在鹿台山的深处看到了这

个鸡身人面的怪兽，吓了一跳，但是没有在意。因为它总是"凫徯凫徯"地叫着，就给它起名叫作凫徯了。

凫徯经常跑到山下去捣乱，一旦被人发现，就摆出一副准备战斗的姿态，看得人们好生无奈。面对这种惹是生非的鸟，人们都将它赶得远远的。

但是不知道从什么时候起，周围的凫徯越来越多。一次，上山的村民居然在丛林深处发现了大规模聚集的凫徯，这个发现让人们有些疑惑，又有些莫名的担忧。

这种不好的预感在第二年成真了，战火一路烧到了这边。战乱中，原本幸福美满的家庭破碎，不仅房屋田地被毁坏，就连家人也在战火中走散，到处都是断壁残垣，村里的幸福景象不复存在。

人们看着战火后的家园，纷纷流下了眼泪，偏偏这时凫徯还在大声地叫喊着"凫徯凫徯"。愤怒的人们想起自从看到它之后发生的种种灾难，不由得怒上心头，将它捕杀。

由此，人们就有了传言，"凫徯一旦出现，必然会带来战争"。后世的人们吸取了这个教训，非常厌恶凫徯，一旦看到凫徯就会立刻叫人来将其捕杀，避免出现祸患。

07 传递幸福佳音的鸟 三青鸟

分类： 神鸟类
地域： 三危山
外貌： 头部为红色，眼睛漆黑
特点： 传递好消息

> 《山海经·西山经》《山海经·海内北经》以及《山海经·大荒西经》中有记载："又西二百二十里，曰三危之山，三青鸟居之。""西王母梯几而戴胜杖。其南有三青鸟，为西王母取食。""有三青鸟，赤首黑目，一名曰大鵹（lí），一名少鵹，一名曰青鸟。"

从前有座三危山，有三只青鸟栖息在这座山上。这三只青鸟的名字分别为大鵹、少鵹和青鸟，它们是中国古代神话中的神鸟，体态轻盈，头上的羽毛为红色，眼睛漆黑，是凤凰的前身，都是身体强壮有力、善于飞行的猛禽，但是后来人们对其进行了美化，就传成了色泽亮丽、体态轻盈的小鸟了。

三青鸟作为神鸟，自然不在凡间生活，只有在蓬莱仙山上可以看到它们。在传说中，三青鸟是西王母的使者，专门为她传递消息、取食。

当年大禹在河西治理洪水的时候，遇到了很多困难，西王母为他提供了很多帮助，这才使得大禹治水的任务圆满完成。在治水成功之后，大禹想要向西王母表达自己的感谢，却没有办法见到西王母。最终还是依靠三青鸟为他传信引路，才得以见到西王母当面向她道谢。

三青鸟具有神性，并且灵识超高，深受西王母的信任和喜爱。

相传当年汉武帝时期，正值中午，官员东方朔忽然看到从西方有一道青色的身影飞来，定睛一看，原来是一只青鸟，于是赶忙上前迎接。作为信使的青鸟对他说，西王母将会在夜幕降临之时前来，得到消息的汉武帝赶忙命人打扫宫殿。宫殿刚打扫好没多久，西王母就带着其余两只青鸟到了。西王母乘着紫车，踏着霞光，身边玉女众多，两只青鸟随侍左右。在汉代的一些画像砖上，我们还能看到三青鸟位于西王母座侧的图案。

后来人们就将青鸟、青鸾作为传信使者的称呼，更是将它视为传递幸福佳音的使者。

许多文人墨客都曾在历史中留下与青鸟有关的诗词。比如《楚辞·九叹》中就有："三鸟飞以自南兮，览其志而欲北。愿寄言于三鸟兮，去飘疾而不可得。"诗人李白的《相逢行》中有："愿因三青鸟，更报长相思。"南唐中主李璟有诗："青鸟不传云外信，丁香空结雨中愁。"李商隐更是在《无题》中写道："蓬山此去无多路，青鸟殷勤为探看。"

08 驮着太阳飞起来的神鸟
三足乌

分类：神鸟类
地域：天台山
外貌：三只脚的乌鸦
特点：负责太阳升落

《山海经·大荒南经》中有"羲和者，帝俊之妻，生十日"的记载。《山海经·海外东经》说"汤谷上有扶桑，十日所浴，在黑齿北。居水中，有大木，九日居下枝，一日居上枝"。《山海经·大荒东经》也说"汤谷上有扶木，一日方至，一日方出，皆载于乌"。

三足乌，是长着三只脚的乌鸦，共有十只，传说它们是太阳的精魂，寄托在太阳里面，身上散发出闪烁的金光，因此，也被称为"三足金乌"或"太阳神鸟"。它们是帝俊和羲和的孩子，一家一起居住在遥远的东方。

据说，他们居住的地方也是他们的诞生地，那里有一座山峰，山顶上有一处名为汤谷的深谷，汤谷便是太阳们洗涤精魂的圣地。汤谷的上方生长着一颗名为扶桑的巨树，每当太阳们洗浴完毕，便会到扶桑树上稍作歇息，他们按照顺序，如果明天轮到哪个太阳去普照大地，哪个太阳就会在扶桑树的最高的树梢上，其余九个则栖息在较低的树枝上。

太阳们的父亲帝俊和母亲羲和每天的工作就是驾车将太阳从东方运到西方。他们会把在树梢上的太阳带到车上，而后，坐上了车的太阳，他的精魂会从太阳里面飞出来，化作三足乌的模样，驮上帝俊和

羲和，缓缓的向西方飞去。

他们从扶桑出发，途径曲阿山、曾泉、桑野、隅中、昆吾山、鸟次山、悲谷、女纪、渊虞、连石山、悲泉、虞渊，给大地带来一天的光明后，再就驾车返回扶桑，此时，就轮换下一个太阳上车，同样，他们的精魂化作三足乌的模样带上父亲母亲赶往西方。

三足乌轮流工作，人间便有了日出日落，大地万物才能生长。因此人们对太阳赞美崇拜，感恩太阳给予的馈赠。

十只三足乌作为兄弟，每天都过着千篇一律的生活，一个兄弟出去普照大地，其余九个就待在家里，他们从出生就没有一起出去过，于是，他们便约定在帝俊和羲和不在的时候，十个兄弟一起化作三足乌，带着各自的太阳到天上玩耍。

于是天上就出现了十个太阳，十个太阳的威力巨大，将河水烤干了，将草木点燃了，土地都被烤焦了，人间变得炎热无比。人们只能躲在山洞里，但是没有粮食没有水，很快就面临灭亡的危险。

当时有一位远近闻名的射师，名叫后羿，他的射箭技术非常高超，还有太阳神帝俊赐予的神弓和短箭。

为了尽快解救人民于水火，他带上天狗，天狗的叫声吸引了三足乌的视线，后羿则弯弓搭箭，只听"铮"的一声，箭矢直冲云霄，一个三足乌坠落，连带它的太阳也慢慢失了光芒。

接着是第二只、第三只……直到把九支箭射完，天上只剩下一个太阳，人间又变得清凉舒适。

最后的这只三足乌接受了教训，从此以后每天按时升起，按时落下，再也不敢乱来了。

鸮头人脸、猴身狗尾的怪鸟

人面鸮

分类： 禽鸟类
地域： 崦嵫（yān zī）山
外貌： 人脸，头似猫头鹰，身体似猴子，狗尾巴
特点： 出现就会发生旱灾

> 《山海经·西山经》中有"（崦嵫之山）有鸟焉，其状如鸮而人面，蜼身犬尾，其名自号也，见则其邑大旱"的说法。

很久很久以前的崦嵫山上，有一种长相怪异的大鸟，相传当人们见到它的时候，就会伴随着旱灾的发生。因此古时候，以种地为生的人们对这种鸟非常痛恨，一看到它就要连忙驱赶走。这种让农民非常厌恶的鸟，就是传说中的人面鸮。

传闻中人面鸮长着和猫头鹰一样的头、人的脸、猴子一样的身体，有着狗的尾巴。这是多么让人毛骨悚然啊！人面鸮大多在黄昏或者夜间活动，它们的视觉和听觉在这样的环境下会非常敏锐，稍有动静就能立刻反应过来。白天的时候，人面鸮则会藏在树林中休息，缩着脖子闭着眼睛站在树上，一动不动。

人面鸮其实在最初的时候是没有名字的，因为它经常发出类似"人面鸮"的叫声，所以人们便以此给它起名。

话说当年在汉朝的时候，人们安居乐业，每年风调雨顺，庄稼、果实也是收获颇丰，人人都过着吃得饱饭的日子，非常幸福。

有一天的黄昏时分，一个人正在山脚下干农活，汗水混合着泥土顺着他的额头往下流，一个不小心就流进了他的眼睛里，引起一阵

酸痛。

他连忙放下手中的锄具，用袖子去擦眼睛，模糊间隐约看到一张脸，正在不远处静静地看着他。他吓了一跳，连忙问："谁啊？"

那"人"没有回答他，只是发出了几声怪叫。

他感觉有点不太对劲，再眨眨眼睛，轻轻挪开挡在眼前的袖子，正对上一张人脸，吓得他一声尖叫，向后跌倒在地，赶忙手脚并用后退几步。

在他眼前的是一只长着人脸、猫头鹰头、猴子身体、狗尾巴的怪鸟，嘴里发出尖锐的叫声，正无声无息地缓慢向他飞来。

"啊！"他害怕地抓起锄头挥舞了几下，就慌忙逃跑了。

等到他回到家中，将这件怪事和村里的长辈一说，大家都十分害怕，于是就组成了一个几十人的小队，准备第二天再去一探究竟。

可第二天去的时候，率先见到的并不是怪鸟，而是干枯一片的庄稼地。所有人都蒙了，明明昨天还好好的，怎么会一夜之间就都干枯了呢？

事情远比他们想象得更糟糕，不仅仅是他们这里的庄稼地干枯了，就连附近村庄的庄稼、河流也全部都干枯了。接连几个月没有任何雨水，即便是向天祈雨也不管用。

这一年关中大旱，几十个国家都没有粮食，饿死了很多人，人们不得已都开始自相残杀互食了。人们都说曾在大旱前看到过人面鸮的踪迹，于是，"遇见人面鸮必有大旱"的传说就这样流传下来了。

10 鸟翅人面的鸟 竦（sǒng）斯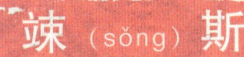

分类：异鸟类
地域：灌题山
外貌：形似雌性野鸡，人脸，尾巴羽毛长，爪子尖利
特点：看到人会高兴得蹦起来

> 《山海经·北山经》中有"（灌题之山）有鸟焉，其状如雌雉而人面，见人则跃，名曰竦斯，其鸣自呼也"的说法。

在古代的灌题山上，有很多臭椿树和柘树，山下遍布着流沙，这里常年出产大量的磨刀石。在灌题山的丛林深处，有一种鸟，它的形状和雌性的野鸡相似，却长着一张人脸，尾巴上的羽毛非常之长，爪子也非常尖利。因为它经常"竦斯、竦斯"地叫，人们就以这个作为它的名字，给它取名为竦斯了。

竦斯这种鸟非常喜欢和人亲近，在古代常被人用来形容溜须拍马、厚脸皮献媚的人。

当年，灌题山脚下有一处村落，村中有很多小孩子，他们经常在一起玩耍，唯独有一个孩子经常被他们排斥在外。

这个孩子叫作宁采，他出生的时候脸上有一大片乌黑的胎记，看起来很吓人，所以小朋友们都不喜欢和他玩。这使得小宁采非常孤独，只能自己一个人坐在院子里玩，他一直很羡慕那些能在一起玩耍聊天的孩子。

如果我也能有一个朋友和我一起玩就好了，小宁采时常这样想。

这天，宁采跟着父母到田边种地。休息的时候，他蹲在地上捉蚰

蛐玩。蛐蛐跑得非常快，就这样，他一路追着蛐蛐，不知不觉离开了田边，往灌题山上走了。

等他反应过来的时候，他看着陌生的树林，有些害怕，忍不住坐在地上大声地哭起来。

忽然，他感觉到有什么东西拂过了他的脸颊，柔柔软软的。他一边哽咽着一边抬眼看去，原来他身边不知道什么时候来了一个"人"。说它是人也不对，它好像有野鸡的身体、人的脸，虽然有点怪异，但是此刻它正在冲自己笑，看起来一点也不可怕。

刚刚就是它在用翅膀帮自己擦眼泪吗？小宁采凝视着它。

"竦斯！竦斯！"它跳跃着，好像很高兴的样子。小宁采试探性地伸出手，只见它低下头，让小宁采如愿摸到了它柔软的羽毛。

小宁采非常高兴，这是除了父母以外，第一个对他这么友善的"人"。"我们以后就是朋友啦，你经常'竦斯、竦斯'地叫，那我就叫你竦斯吧！"

竦斯叫了两声作为回应。

小宁采在竦斯的护送下安全地回到了山下。在往后的日子里，小宁采经常偷偷跑到灌题山上来，大声呼喊竦斯的名字，很快竦斯就会蹦蹦跳跳地来到他身边，和他一起玩耍。他们一起摸鱼、一起摘果子、一起散步，累的时候小宁采就会靠在竦斯的身上休息。

有了竦斯的陪伴，小宁采的性格逐渐变得开朗起来，周围的小朋友也渐渐愿意带着他一起玩了。

11 明辨善恶的鸟

分类：异鸟类

地域：单张山

外貌：形似野鸡，头上有花纹，白色翅膀，黄爪子

功效：食其肉可以治咽喉痛和癫狂病

《山海经·北山经》中有"（单张之山）有鸟焉，其状如雉，而文首、白翼、黄足，名曰白䳂，食之已嗌痛，可以已痸"的说法。

相传古时候的单张山上有一种神兽叫白䳂，它的身形和野鸡相似，但是和野鸡不同的是，它的头上有漂亮的花纹，它的翅膀是白色的，爪子则是黄色的，样子非常漂亮。

在古代白䳂的肉价值千金，之所以这么贵，是因为吃了它的肉，人们咽喉的痛就能够被治愈，甚至就连痴呆症和癫狂症这种在古人看来已经没救了的病也能治好。由此，我们就能看出在医疗条件落后的古代，白䳂的药用价值有多高了吧！

当然，白䳂也不是只能用来作药，作为神兽，它有特殊能力。白䳂能够判断人的善恶，被它认为是善良的人，就会得到它的庇护；而被它认为是恶毒的人，则会面临白䳂残酷的惩罚。

当年在都城中，知县老爷接到这样一桩案件：一个叫作李蝶的女孩状告自己的舅舅一家害死自己的母亲，抢占了他们的家产，可是她的舅舅反告李蝶偷窃不成，害死母亲，诬陷他们。

双方每个人都义愤填膺的，看起来都很有道理的样子。李蝶的舅舅拿出证据，指认一包首饰就是李蝶偷出来的，因为她的母亲不同意她拿去当铺典当，所以她情急之下才将母亲推倒，撞到墙上，致使母亲死亡。

紧接着，他又叫来家中的下人做证人。下人口口声声说自己看到李蝶在房间内和她的母亲发生了争执，等他进去的时候，李蝶的母亲已经死了。

知县皱着眉头，审问李蝶。李蝶却说的完全不一样。

在李蝶口中，是父亲去世之后，舅舅打着照顾她们的名义，住进了她们的房子，然后霸占了她们的家产，更是在母亲生病的时候连大夫都不给她请。没办法，母亲只好让她拿一些首饰去变卖，没想到舅舅看到了就要抢过去。在抢夺过程中，舅舅将母亲推倒了，这才使得母亲失去了生命。

虽然李蝶说的也很有道理，但是她拿不出丝毫的证据。

知县一下子犯了难，堂下围观的百姓窃窃私语，分享着自己的看法。

这时忽然有人惊呼："快看，是神鸟白鹇！"众人的目光一下子全部都看向鸣冤鼓，一只白鹇赫然站立在那里。

看到白鹇，李蝶的舅舅一下子大惊失色，尤其看到它扑腾着飞下来，落在李蝶面前，张开翅膀呈现保护状的时候，更是害怕得倒退了几步。

这个样子，还有什么不明白的，大家全部开始咒骂李蝶的舅舅丧心病狂、黑心肝，等等。

白鹇叼起李蝶的舅舅向外面飞去，将他从单张山上扔了下去。

由此，古人既垂涎于白鹇的药用价值，更敬畏着它明辨善恶的能力，从不轻易捕杀它。

12 引发战争的怪鸟

钦䲹（pí）

分类： 禽鸟类
地域： 钟山
外貌： 身形似雕，有黑色花纹，白色头颅、红色喙、虎爪
特点： 出现会引发战争

《山海经·西山经》《山海经·钦䲹图赞》中有"钦䲹化为大鹗，其状如雕而墨文白首，赤喙而虎爪，其音如晨鹄，见则有大兵"以及"钦䲹及鼓，是杀祖江，帝乃戮之昆仑之东"的说法。

钦䲹本是中国古代的一个小神兽，它和钟山神的二儿子鼓是好朋友，两个人的关系非常好。

鼓是一个人面龙身的神兽，它的本性不坏，但是因为太过贪恋世间的美好，因此总是希望自己能够长生不老。

作为鼓的知己好友，钦䲹当然要让它实现愿望了。钦䲹打听到掌管不死药的是天神葆江，便将这个消息告诉了鼓。鼓听了非常高兴，但是随即又很失落。天神葆江十分厉害，仅凭自己一个人的力量是无法打败他获得不死药的。

钦䲹拍了拍自己的胸脯，答应鼓会尽全力帮它。

鼓很是感激，于是他们就将天神葆江约到了昆仑山南麓，在那里合力杀死了葆江，拿到了不死药。

天神葆江陨落，黄帝震怒万分，亲自下令让人击杀鼓和钦䲹。于是在天兵天将的围攻中，还没来得及吃不死药的鼓和钦䲹，就相继死在了钟山东边的瑶山之上。（关于葆江之死，还有另一种传说：葆江

是昆仑山守卫，但钦䲹认为这个职位本该由自己担任，是葆江用手段抢了自己的职位，于是跟好朋友鼓一起去昆仑山找葆江算账，葆江寡不敌众，被钦䲹和鼓杀死了。）

心怀怨念的鼓和钦䲹化身成为两只会给人间带来灾难的怪鸟。其中钦䲹化身为大鹗，样子和雕相似，白色的头颅，红色的鸟嘴，身上有着黑色纹路，它的爪子像是老虎的爪子一样，声音和晨鹄的鸣叫相似。相传只要有大鹗出现的地方，国土之内就会有大的战争出现。鼓则变成了一只鵕鸟，样子跟猫头鹰有些相似，赤脚直嘴，白首黄纹，只要它一出现，城镇之中就会立刻发生大旱灾害。

此时的钦䲹已经完全忘记了自己的初衷，沦为一个恶毒的怪物。它不但没有吸取生前的教训，反而变得更加凶恶，在四方作乱。

当年本来有几个相处非常和睦的国家，相互之间经常进行商业往来，人民相互之间也非常友善，几个国家的人经常会到别国去旅游观光。

可是化身为大鹗的钦䲹突然出现在了这里，它一出现，就使得几个邻国原本和睦的关系变得紧张起来，商业往来完全中断，人们之间更是相互防备，如果发现自己的国家里有别国的人，就会将他们抓起来。

战争终于爆发了，战场上尸横遍野，鲜血横流，犹如人间地狱。混乱中，人们流离失所，妻离子散，家破人亡，百姓苦不堪言。

钦䲹的恶名也由此传开。若非一念之差，怎么会糊涂地起了邪念，走上歧途？如果没有走上这条路，或许它还是那个自由自在的小神兽。

三头六尾的怪鸟 鹕鸺（qí tú）

分类：异鸟类
地域：翼望山
外貌：形似乌鸦，三头六尾
功效：食其肉可治疗抑郁症，不会再做噩梦

《山海经·西山经》中有"（翼望之山）有鸟焉，其状如乌，三首六尾而善笑，名曰鹕鸺，服之使人不厌，又可以御凶"的说法。

余鸟也称鹕鸺，它居于翼望山之上，翼望山中没有草木，只遍布着金属和玉石。它的形体和乌鸦很相似，却长着三个头、六条尾巴。

鹕鸺是个很乐观的鸟，它非常喜欢嬉笑，即便是被人捉住也会发出笑声。传言中，鹕鸺的肉可以吃，吃了之后，失眠的人可以睡得香甜，不会做噩梦，并且如果有抑郁症的话，吃了它，就能不药而愈。

古代有一个皇帝，他非常宠爱一个妃子，宠爱到什么地步呢？锦衣玉食是最基本的，各种奇珍异宝更是通通都被他拿来赐给这个妃子，甚至为博她一笑，皇帝不惜自己演戏出丑逗她。用一句话来概括，就是恨不得为她上九天揽月，下五洋捉鳖，脚踏七彩祥云来陪她。

可就是这样一个集万千宠爱于一身的女子却不喜欢笑，她得了抑郁症，每天总是坐在御花园内看着亭子外面的花发呆，即使再华美的衣裳、精致的美食、繁多的珍宝也无法令她有丝毫的波动。

美人惹人喜爱，忧郁的美人更是让皇帝怜惜不已。为了能治好爱妃，皇帝下旨向全天下征集能够治愈爱妃的方法，只要成功，不管是金银财宝，还是加官晋爵，皇帝都能满足他。

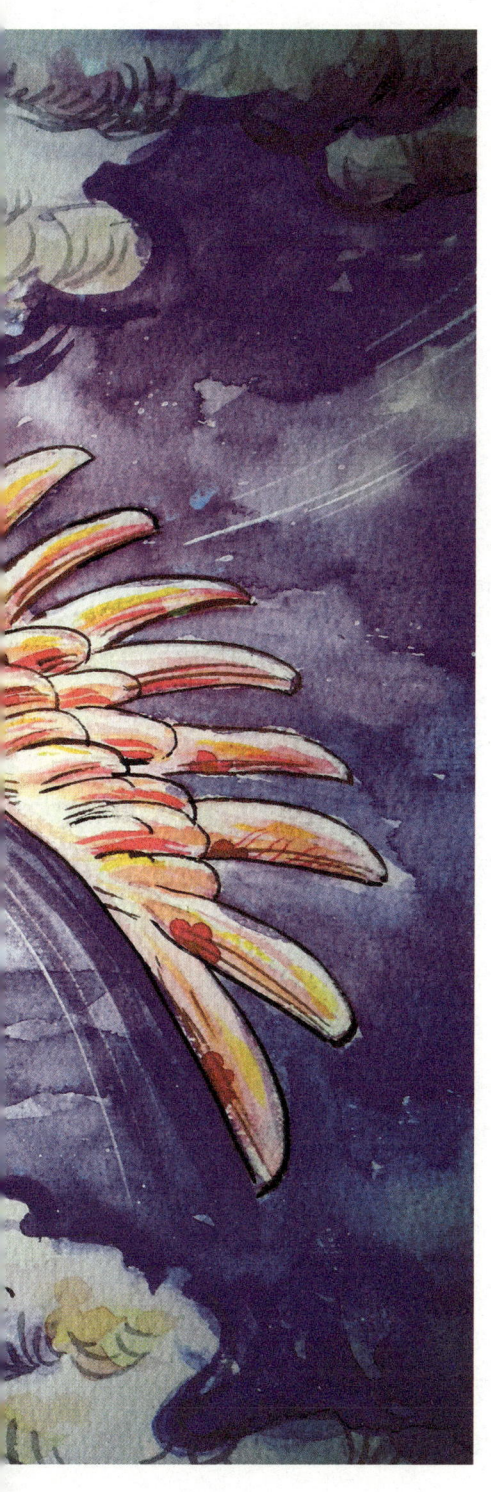

　　一时间，天下人跃跃欲试。可不管来的人用什么方法，都无法将妃子的抑郁症治好。

　　看着爱妃日渐消瘦的面庞、睡梦中也不安稳的样子，皇帝心疼不已。这时民间传来消息，翼望山上有一种鸟叫鵸𪁺，它的肉可以治愈妃子的病。

　　皇帝心急如焚，也不管真假，便立刻下令派人去翼望山捕杀这种叫作鵸𪁺的鸟。

　　经过数月的奔波，侍卫终于带回了鵸𪁺，交给御膳房炖熟了，端到皇帝身边。

　　"爱妃，小心烫，吃了这个，你就可以睡一个安稳觉了。"皇帝小心翼翼地将鵸𪁺的肉喂给妃子。

　　妃子吃完之后，果然睡得很香甜，一整夜都没有做噩梦。后来妃子的抑郁症也慢慢好了起来，每天都对着皇帝笑盈盈的，十分美丽。

　　这件事情传到民间，百姓大为震惊，没想到鵸𪁺的肉竟然有如此功效，于是受噩梦困扰的人纷纷前去翼望山捕杀鵸𪁺，在这之后就很少见到鵸𪁺的踪迹了。

14 解暑良药

鹬鹛（pán mào）

分类：异鸟类
地域：北嚻山
外貌：形似乌鸦，人脸
功效：食其肉可解暑

《山海经·北山经》中有"（北嚻之山）有鸟焉，其状如乌，人面，名曰鹬鹛，宵飞而昼伏，食之已暍"的说法。

从前有一座北嚻山，这座山上没有石头，山的南边盛产碧玉，北边盛产玉石。在山上有一种长相怪异的鸟，它的名字叫作鹬鹛。它的身形和乌鸦很相似，却长着一张人脸。

鹬鹛经常在夜里活动，然后白天在丛林深处闭着眼睛休息，如果听到动静，就会睁开眼睛，迅速飞走。也正是它的昼伏夜出，导致它有一个特殊的属性，那就是它的肉可以解暑。

在古代的时候，交通不像我们现在这样便利，几个小时就能跨越半个中国，古人即使想要去附近的城镇也要花费一天的时间。这样不方便的交通就使得他们想要进行商业贸易十分困难，人走路都已经很费劲了，更何况还要运输货物。

由此，一个个押送货物的商队就诞生了。他们要经历长途跋涉，将货物运送到指定的地点去，然后进行交易。

春、秋两个季节还好，天气温暖、凉爽，商队走在路上虽然辛苦一点，但也没有什么太大的阻碍。可到了夏、冬季节，炎炎烈日、冽冽寒风，都会将商队折腾得人仰马翻，难以行进。

尤其是到了夏天，在路上，商队的人经常会因为缺水而中暑，拖慢整个队伍的行进速度。商队的行进速度一慢下来，货物就很有可能出现问题，如果不能按时交易的话，就会影响整个商队的信誉。因此为了避免这种状况的发生，大家通常会隐忍着难受，艰难前行，直到交易完成再休息。

这天，商队在路过北嚻山的时候，听闻当地的人说，山上有一种叫作鸳鶋的动物，吃了它的肉，就可以解暑。

商队的队长看着队里的人因为中暑，个个面色苍白，嘴唇都没了血色。他意识到不能再这样下去了，否则还没到交易的地点，大家就全部病倒了。

于是在深思熟虑之后，他决定带几个人上山去捕捉鸳鶋，带回来试试，看是不是可以解暑，如果是真的，那他们就有救了。

"鸳鶋一般只在夜晚出来，白天都在睡觉，找不到的，我们晚上去。"

夜晚，在当地人的带领下，队长和几个队员进入了山林之中，经过几番周折，好不容易才抓住鸳鶋。

将鸳鶋烹饪之后，让中暑的队员服下，果然一觉醒来就都好了。队长当即决定多捕几只鸳鶋带着上路，这样就不怕再中暑了。

就这样，重新整装后，商队再一次上路了，这次他们一路平安。

后来，人们经常会在中暑之后捕来鸳鶋解暑。

15 易受惊吓体质

分类：异鸟类
地域：太行山
外貌：形似喜鹊，白色羽毛、红尾巴、六只脚
特点：非常容易受到惊吓

> 《山海经·北山经》中有"（太行之山）有鸟焉，其状如鹊，白身、赤尾、六足，其名曰鹋，是善惊，其鸣自该"的说法。

我国北方有一座非常有名的山叫作太行山，在古时候，太行山又叫作归山，山上有丰富的金属资源和玉石，山下则盛产碧玉。相传在太行山中有一种小鸟，它的样子和身形都和喜鹊差不多，但是身体的羽毛是白色的，而尾巴是红色的，看起来非常可爱。

这种小鸟有六只脚，不论是跑起来还是飞起来都非常快。人们经常能够在山林之中看到它们的踪影，但是不知道它们叫什么。每次一有人接近，这些小鸟就一边发出"鹋、鹋"的声音，一边拼命地扇动翅膀逃离，因此人们就给它起名为鹋。

在古代，贵族或者是比较富有的人家，都有养鸟的嗜好。

很久以前的塔木国就有这么一个人——陈靖，他是靠卖玉石发家致富的，自从自己的产业做大之后就专门雇了人来管理，而他自己则只需要统筹大局即可，平时就在家中种种花，钓钓鱼，生活十分悠闲。

陈靖最大的爱好就是养鸟，更是喜欢养各种珍奇的鸟，越是稀有越是喜欢。他家中的鸟种类之多，让人眼花缭乱，这也使得他在整个

养鸟的圈子里出了名。

有一次他参加聚会,大家都带了各自最名贵的鸟,相互欣赏。陈靖自然也不例外,带了自己精挑细选的鸟来。席间大家都对他的鸟毛色之光滑、叫声之动听十分羡慕。

在恭维声中有一个不和谐的声音出现,原来是陈靖的死对头刘家少爷刘阔。"若是论奇特,在下曾经有幸在太行山上见过一种鸟,长相十分可爱却有六只脚,听当地的百姓称这种鸟为鹨……"

人们纷纷被他的讲述吸引,低声讨论。陈靖很不服气,这世人谁不知道他才是鸟藏最丰富的人,所以这鹨,他是势在必得。

回到家中,陈靖立刻派人去太行山捕捉鹨。侍从们来到太行山,一路寻找,好不容易才找到鹨。好几次他们刚准备用网子捕捉它,就被鹨发现逃离了。

侍从们很是恼火:"这鹨也太警觉了,我们的脚步都这么轻了,它还是能听见,真是见鬼!"

"别抱怨了,赶快想办法才是真的。"队长低头思索了很久才想出办法,他让人趴在草丛中,用树叶盖住他们的身体。他们只要不乱动,就不会被鹨发现。

就这样趴了两天,才将鹨抓住,侍从们带着鹨回去复命。陈靖知道鹨容易受到惊吓,所以专门将鹨放到了一个单独的房间。

后来到陈靖家里参观的人们都对这种六只脚的鸟感到十分惊奇,这让陈靖得意了好久。

天帝的器物、服饰管家

鹑（chún）鸟

分类：神鸟类
地域：昆仑山
外貌：形似凤凰，通身红色
特点：擅长装扮

> 《山海经·西山经》中有"西南四百里，曰昆仑之丘……有鸟焉，其名曰鹑鸟，是司帝之百服"的说法。

古代的昆仑山是传说中天帝在人间设立的都城，由天神陆吾掌管。昆仑山中，有一种名叫鹑鸟的鸟类，相传它是凤凰的一种，全身为红色，因此也叫赤凤。

当年天帝想在人间设立都城，作为自己下凡之后的住所。经过多方思量，他将地点定在了昆仑山，并派遣天神陆吾作为管家，掌管这个"帝下之都"。陆吾的地位较高，作为昆仑山的大管家，他要负责调节这里的时令和天气，维护这里的秩序。因此为了方便管理，他将手底下的众兽都调动起来，分别安排了职务。

鹑鸟因为羽毛艳丽，擅长装扮，所以被委派负责掌管天帝生活中的各种器物和服饰，算是整个昆仑山中的一个小管事了。

有一次，天帝即将下凡，得到消息的陆吾赶忙向众位管事的动物下达通知，告诉它们务必要在天帝到来之前，将昆仑山上下整顿得妥妥当当，尤其是晚上，天帝将会在这里举办宴会。

闻言，众位动物赶快回到自己的岗位去。鹑鸟算是其中最为着急的了，因为它不仅要负责晚宴上需要的各种器物，还要为天帝准备好

一身合适的服装。

鹓鸟回到自己的住所，将器物的准备工作交代给别人之后，就自己在房间里苦思冥想。

这件服装面料太过素气，不符合天帝的贵气；这件服装风格太过沉闷，不适合作为晚宴的着装；这件服装……鹓鸟左看右看都找不到一件合适的料子可以作为天帝的服装。

它内心焦急万分，可是越着急越想不出好方法，只好化作一道红光飞到昆仑山外找找灵感。

它落在岸边，隐约间看到岸上有一个人正在舞剑。那人虽看不清脸，但看起来器宇轩昂，剑法也十分高超。剑如白蛇吐芯，嘶嘶破风，又如游龙穿梭，行走周身，一套剑法耍下来如行云流水，气势如虹。收招结束，一切归于沉静，清风拂过，只衬得那人越发清隽决然。

鹓鸟看得呆住了，只感觉通过刚才的剑招，仿佛看到一条威严霸气的龙飞天而上，震慑得它不敢升起丝毫的反抗之心。

没错！天帝陛下的服装也应当是这般！鹓鸟忽然有了灵感，当它再看去的时候，那人已经不见了。于是它连忙回去，将自己的想法融入服装制作当中。

晚上天帝降临之时，衣服被呈了上去。晚宴上一切顺利，作为小小的掌事，鹓鸟有幸坐在宫殿的一个角落里。当它看到天帝真容的时候惊呆了，原来那个在河边舞剑的人正是天帝。

天帝对这件服装十分满意，夸奖了鹓鸟，并给予了赏赐。也因此，受到鼓励的鹓鸟在日后更加尽心尽力地掌管着天帝生活中的器物和服装，没有出过任何差错。

17 带来疫病的禽鸟

絜（xié）钩

分类：枭鸟类
地域：硾（zhēn）山
外貌：形似野鸭子，尾巴细长
特点：出现会带来疫病

《山海经·东山经》中有"（硾山）有鸟焉，其状如凫而鼠尾，善登木，其名曰絜钩，见则其国多疫"的说法。

在很久以前，有一座硾山，山上有一种很奇怪的禽鸟，它看起来平平无奇，和山中常见的野鸭子长得差不多，但是有一条像小老鼠一样的细长的尾巴，这就是传说中的絜钩。

絜钩擅长攀登树木，它用脚趾紧贴着树干，几步就能蹿上去。它在古代人们的眼中是个让人既厌恶又很惧怕的存在，因为一旦它出现了，就代表着这里将会发生疫病。

百里国是当时一个非常小的国家，因为依附于周边的大国生存，所以人民还算富裕。他们的国王还算贤明，但非常怕死，总会在心底做一些长生不老的美梦。

当年有希望继承王位的几个王子在先皇驾崩之后，纷纷开始内斗，搅得民不聊生，几个王子也在斗争中相继离世，只留下一个因为胆小没有参加斗争的王子最终登上了王位。

这个国王登上王位后，兢兢业业，将朝政打理得非常好，很受百姓爱戴，因此对于他那追求长生不老的试验，大臣们也是睁一只眼闭一只眼。

在距离王城不远处的小山村里，村民上山打猎之后，回到家中就病倒了，本来家人也没有当一回事，但是慢慢地，家人也被传染了。甚至有很多去过山上打猎的人，回来之后也感染了同样的疫病。

刚开始，这种疫病并没有引起百姓的重视，直到越来越多的人染上这种疫病，甚至有的人开始死去，这才让官府发觉了不对劲，赶忙上报。

等国王收到消息的时候，全国已经有很多百姓染上了这种疫病。恐慌的情绪在全国蔓延，胆小的国王更加害怕了。

他命太医日夜陪伴在他的身边，生怕自己也染上疫病。

朝中的大臣觉得这疫情来得古怪，提议派人去调查，于是国王便派遣太医和侍卫统领前去探查。

经过调查，侍卫发现，所有染病的村民都曾到过硙山，都看见过一只很怪异的鸟。听过他们的描述，太医认为那正是絜钩。

找到方向就好办了，侍卫和太医兵分两路，侍卫们去山中寻找絜钩，若找到便将其杀死，太医则前往疫区，拯救百姓。

侍卫们花费了三天三夜才在树上抓到絜钩，将它杀死，带回了它的尸体，交给国王复命。而太医也凭借多年的经验，将疫病控制在了一定范围内，慢慢研究出了解决之法，这才避免了灭国之灾。

日子一天天过去，百姓都康复了，也明白了是絜钩在作祟，自此看到絜钩就会通知大家注意防范，赶快撤离，避免染上疫病。

18 一首三身的鸟

鸱（chī）鸟

分类：神鸟类
地域：三危山
外貌：形似鸹（luò）鸟，一个脑袋，三个身子
特点：穿梭于阴、阳两界，引导亡者灵魂

《山海经·西山经》中有"（三危之山）有鸟焉，一首而三身，其状如鸹，其名曰鸱"的说法。

在神鸟三青鸟居住的三危山上，还栖息着这样一种鸟类，它们是三青鸟的后代之一，也就是传说中的鸱鸟。鸱鸟长着一个脑袋，却有三个身子，外形和鸹鸟相似。

鸱鸟和它的祖先一样，具有一项神奇的本领。祖先三青鸟负责为西王母传信，而鸱鸟则是为阳间和阴间传信，穿梭于阴、阳两个世界，引导亡者的灵魂。

相传，当年南泽国有一位大善人，他乐善好施，经常接济周边的穷苦百姓，深受百姓的爱戴。

可就是这样的大善人，竟然在元宵节吃元宵的时候，不小心噎死了。

善人只感觉自己喘不上气来，紧接着眼前一黑，魂魄就不由自主地飘起来，离开了自己的身体。

他忽然意识到自己这是死了，看着家人们围在他身边焦急的模样，他有些伤心。

一阵叫声自门外传来，他不由得向外面飘去，正好看到鸱鸟。

鸱鸟低下头，扇着翅膀，将善人引到了自己背上，然后驮着他一路向西方飞去。

善人惊讶不已，好奇地低头打量着鸱鸟，一个头、三个身子的鸟真是生前闻所未闻。

没过多久，鸱鸟就停了下来，善人一看，这不就是阎罗殿吗？

"来人可是王威？"一个判官模样的鬼差问道。

善人回答："小人并非王威，王威是小人的邻居，小人是吕山。"

"吕山？"判官的声音有些疑惑，连忙翻起了生死簿，这吕山可是能够活到一百岁的。

"鸱鸟，可有其他亡魂？"

鸱鸟摇摇头。

判官一下子就明白他们弄错了人，误将吕山的魂魄带了下来。

"赶快将人送回去！"

善人只觉得自己又不由自主地飘回了鸱鸟背上，被它带回了阳间。

再回到家中的时候，明明感觉过了很久，但实际上才不过半盏茶的工夫。

鸱鸟将他送到屋内，扑腾了两下翅膀，他的魂魄就向着自己的身体飞了过去。

善人忽然睁开眼，嗓子眼里的元宵被吐了出来，家人们松了一口气，可善人自己有点恍惚，自己这是又活过来了？

他将自己的遭遇和家人们一说，家人们顿觉惊奇。由此，鸱鸟能沟通阴阳、引导亡魂的传言也流传开来。

19 鸟翼鼠猴

分类：异鸟类
地域：虢（guó）山
外貌：形似老鼠，背上有翅膀
特点：可抵御兵器袭击

《山海经·北山经》中有"（虢山）其兽多橐（tuó）驼，其鸟多寓，状如鼠而鸟翼，其音如羊，可以御兵"的说法。

中国古代的虢山上长着茂密的漆树，山下则以梧桐树和椐（jū）树居多；山的南边盛产玉石，北边盛产铁矿。山中有一种长相怪异的鸟，叫作寓鸟。

它的样子和老鼠很像，小小的一只，有着长长的胡须，在它的背上长着像鸟一样的翅膀，当它把翅膀张开，看上去就像一只风筝。寓鸟叫起来会发出像羊一样"咩咩咩"的声音。

寓鸟的体形虽然不大，叫声软萌，但是它很厉害，可以帮助人们抵御兵器的袭击，防止受伤。

相传当年战火纷飞，很多人在战争中失去了性命，百姓流离失所，不得已离开家乡到处逃难。

宋奇就是这些逃难大军中的一员，他随着父母逃到虢山附近的一个隐蔽的小山村中，这里远离战场，还比较祥和。在这里，宋奇感到了久违的宁静。

这天他正要出去玩，却发现自己家的柴火堆里有一丝微弱的叫声，"咩咩咩……"

难道是有野山羊跑到家里来了吗？宋奇到底是个小孩子，心中有些惊慌，抄起身边的棍子慢慢挪向那边。

当他把柴火扒开，里面赫然躺着一只不知道是什么的生物。它长得像老鼠，却有翅膀，声音又像羊，宋奇从来没见过这么奇怪的动物。

这个动物的腹部不知怎么搞得,被划开了一道长长的口子,鲜血直流。黑豆似的小眼睛就这样看着宋奇,嘴里的叫声越来越小。

宋奇于心不忍,从家中拿了草药和布条,给它进行了包扎。"你不要害怕,我是来救你的!"小动物像是听懂了他的话,全程乖乖的,没有任何挣扎。

自此以后,宋奇就将它偷偷留在家中养伤,每日喂它一些树叶和花朵。日子一天天过去,小动物慢慢恢复了,它伤好的那天围着宋奇飞了好几圈,对他十分亲昵。

外面战火纷飞,很多村庄都受到了波及,村民也在考虑要不要搬离这里。可危险比想象中来得更快,夜里在大家都入睡之后,一拨士兵悄悄地潜入了村子,开始杀人。

哭闹声惊醒了整个村子,宋奇害怕地紧跟在父母身边。不多时,两个士兵破门而入,看见他们便提着刀冲了上来。父亲赶忙拿起农具抵挡,却双拳难敌四手,眼看着就要被砍伤。

宋奇目眦欲裂,大喊:"父亲——"

刀正要砍到父亲身上的时候,一道小小的身影蹿了上来,替他挡住了这一刀。在小动物的保护下,父亲趁机反手将两个士兵杀死。

全家人松了一口气,宋奇连忙伸出手,抚摩小动物:"你没事吧?"小动物"咩咩"地回应。

"这是……寓鸟!"父亲不敢相信地看着小动物,"传言寓鸟可以御兵,原来是真的。"

宋奇笑了,点点它的小脑袋:"原来你叫寓鸟啊!多亏你了!"

最后,宋奇一家人顺利地逃离了村庄,过上了隐居的生活。

20 四翅狗尾鸟

分类： 异鸟类
地域： 梁渠山
外貌： 形似猿猴夸父，四翅，一目，狗尾
功效： 食其肉可止腹泻

> 《山海经·北山经》中有"（梁渠之山）有鸟焉，其状如夸父，四翼、一目、犬尾，名曰嚣，其音如鹊，食之已腹痛，可以止衕"的说法。

古代有一座梁渠山，这座山上没有任何花草树木，有的只是丰富的金属矿产和玉石。

人们经常能在山中看到这样一种鸟，它的身形像是猿猴模样的夸父，但是你说它是猴子吧，它却偏偏长着四只翅膀，说它是鸟类，但它又长着狗尾巴，人们给这种鸟起名为嚣。

嚣的飞行能力很强，但是由于尾巴会不自觉地卷起来，飞行速度经常会受到影响。而且它只有一只眼睛，所以眼神有时候也不太好。白天的时候它经常在树林里养精蓄锐，晚上再出来打猎，飞出来无声无息地就将猎物杀死。

嚣的叫声和喜鹊类似，会发出"喳喳"的声音，相传如果人们经常肚子疼，腹泻不止，可以通过吃嚣的肉治愈。

在中国古代的时候，医疗卫生条件非常不好，有一些在我们现在看来很小的病在古代就很有可能要人命。

当年有一家酒楼，因为开在商队必经之路上，所以生意非常火

爆。路过的商队经常会在这里休息,整理行装。

一天,酒楼里的伙计和厨子闹了一点矛盾,厨子很生气,在做饭的时候也不自觉地带着怒气,而帮他搬食材的伙计也很生气,两个人一对视就纷纷"哼"的一声转过头去,谁也不看谁。

就在两个人生气的时候,谁也没有注意,一个名叫巴豆的东西悄悄混进了食材里。

厨子气冲冲地将巴豆剥开,放进锅里进行翻炒。不一会儿,热气腾腾的饭菜就出锅了,伙计端上菜就连忙给商队送上桌去。

早已饥肠辘辘的商队队员看到饭菜上来,也顾不上其他,直接开吃,很快就吃干净了。

"酒足饭饱啦,大家抓紧时间休息,明天继续赶路!"商人们纷纷回到自己的房间。

夜幕降临之后,大家陆陆续续都入睡了。

商队中的一个人突然感觉自己的肚子有点不舒服,连忙爬起来,冲向茅房。以他为开始,大家相继都起来了,捂着肚子一副不太舒服的样子。

"里面的人快出来啊,我憋不住了!"这会儿大家都想赶快去茅房里解决一下。

"不行啊,我也肚子疼。"

"哎哟,好难受啊……"人们捂着肚子哀号着。有人赶忙去通知掌柜的,掌柜的来到这里一看,顿时发了愁,这是怎么一回事啊?他赶忙派人去请大夫来。

"他们之所以会腹泻不止,是吃了巴豆的缘故,吃得少的多跑两次厕所就行了,吃得多的……"大夫欲言又止,"很有可能因腹泻导致脱水病故。"

"啊?这怎么办啊,大夫你可要救救我啊!"

"除非能找到貔,它的肉有奇效,可止腹泻。"经过商量,掌柜的带人前往山上寻找貔。

经过一晚上的搜寻,大家最终找到了貔。厨子为了弥补自己的过失,连忙将貔煮了,将肉分给大家。

吃过貔的肉后,商人们果真不再腹泻了。

21 五彩的野鸡

分类： 异鸟类
地域： 阳山
外貌： 形似雌性野鸡，五彩羽毛
特点： 非常自恋，自我繁殖

> 《山海经·北山经》中有"又东三百里，曰阳山……有鸟焉，其状如雌雉，而五采以文，是自为牝牡，名曰象蛇，其鸣自诙"的说法。

古代天池山往东三百里的地方有一座阳山，这座山上有很多玉石，山下有很多金银铜铁，山中有一种叫作领胡的野兽，这个野兽样子像牛，可以日行三百里。它有一个邻居，是一种名叫象蛇的鸟，今天的主人公就是它了。

如果单从名字来看，大家一定会被象蛇迷惑，误认为它是一种蛇，其实不然，它只是一种有点自恋的鸟。

象蛇的身形和雌性的野鸡较为接近，但是它比野鸡要漂亮很多，浑身上下长满了五彩斑斓的羽毛，这身羽毛让它在丛林中的所有鸟类面前都有骄傲的资本，它的自恋也正是由此而来。

象蛇非常爱惜自己的羽毛，美而自知的它认为没有任何鸟能够配得上自己，因此即便是需要繁衍后代，也是自我繁殖，不需要进行任何交配。它的叫声和它的名字一样，都是"象蛇"的音。

象蛇这么骄傲自恋，除了是因为自己本身确实比较好看之外，还有出身的原因。

相传，当年象蛇久居山林之中，除了邻居领胡，它很少能见到别

的同类，直到有一次它受邀去参加聚会。

在聚会上它看到了很多同类，有的有三条腿，有的只长了一只眼睛，有的长得像老鼠，各式各样，虽然长得不一样，但是同为鸟类，它还是感觉很亲切。

在这些鸟类之中，就数它的羽毛颜色最好看。周边很多鸟都围着它，这让象蛇不由自主地有些飘飘然。

它可是神鸟的后代，这身美丽的五彩羽毛就是证明！

可就在这时，从远方传来一阵啼叫，象蛇霎时间感觉到了一种压制。是谁？

在远方的祥云之中，两只五彩神鸟踏着朝霞并肩飞来，原来是凤凰和鸾凤，它们作为上古神鸟的后裔，继承了上一代的血统，是当之无愧的百鸟之王。

所有的鸟都不由自主地低下头，象蛇虽然有些不甘，但血脉的压制让它不得不跟着低下头颅。毕竟凤凰和鸾凤是直系血脉，而它虽然也是神鸟的后裔，但是血脉并不纯正，是个"混血儿"，血统即使不错，但也只是凡鸟一只。

聚会后面具体发生了什么，象蛇记不太清楚了，它的关注点一直都在凤凰和鸾凤身上。它想不通为什么都是神鸟的后裔，它们是神鸟，自己却是凡鸟，它们明明都有一样的五彩羽毛，不是吗？

聚会结束，凤凰和鸾凤化身为两道金光直冲天际，天空中祥和的气息久久不散，神鸟的贵气威严尽显。

象蛇感觉到了差距，情绪有点低落，回到阳山之后，闭关不出。后来还是受到邻居领胡的开导才慢慢走出来，重新变回那个美丽自恋的它。

22 四翅六眼三脚的凶鸟

酸与

分类：禽鸟类

地域：景山

外貌：身形似蛇，四翅、六眼、三脚

特点：出现会带来恐怖的事情

《山海经·北山经》中有"（景山）有鸟焉，其状如蛇，而四翼、六目、三足，名曰酸与，其鸣自诊，见则其邑有恐"的说法。

古代的景山之上有一种叫作酸与的禽鸟，它的身形像蛇，但是却长着四只翅膀、六只眼睛和三只脚，因为经常"酸与、酸与"地叫着，所以人们就说，既然你这么喜欢叫"酸与"，那你就叫酸与吧！由此酸与的名字就这样定下来了。

相传酸与是种很恐怖的凶鸟，它在哪里出现，哪里就会出现很恐怖的事情。

在中国的古代，经常会发生战乱，偶尔还会出现大旱或者大涝的情况。走在路边经常能看到一些因为战乱而死或者因为饥饿而死的人。古人讲究入土为安，所以每当有亲友因为战乱或饥荒死去，他们都会挖出一块地方，将其尸体好生安葬。

黎翔的家人就是在战乱中去世的，还没有成年的他根本没有办法独自将八位家人的尸体全部从战场上带回来，只好用身上最后一点粮食，雇佣了几个人一起帮忙。

他们几个人小心翼翼地将黎翔的家人翻找出来，分几次才将其转移到景山山脚下。

几个人分工，开始挖坑，黎翔则忍着心中的悲痛，默默为家人整理服装。全家只留下了他一个人，今后要如何生活啊！

"这位公子，已经挖好了。"

黎翔闭了闭眼，不忍再看惨死的家人，挥挥手，示意他们将尸体抬下去安葬。

刚掩埋了一个，忽闻天空中传来"酸与、酸与"的叫声，人们抬头看向天上，只见有一只大鸟在天空中盘旋。

这鸟有四只翅膀、六只眼睛和三只脚，眼睛死死地盯着他们，看起来极为恐怖瘆人。

"这，这，妖怪啊！"

话音刚落，就见那酸与疾速俯冲下来，吓得几个人四处逃开。

酸与大嘴一张，将地上的一具尸体咬住。

"阿姐——"黎翔眼睛发红地看着这妖怪，却被身边的人拉住。

"公子不要去啊，这酸与喜好腐烂的东西，只要让它吃完就行了。"

听了身边人的话，黎翔更是疯狂，这是他的家人啊，怎么能就这样被这妖怪吃掉呢？如果他连家人的尸体都没办法保护，活着还有什么意义呢？

他挣脱旁人的手，抓起自己随身的宝剑直冲了过去："妖怪，拿命来！"

酸与一下子就飞上了天，在他头顶盘旋，时不时用翅膀和爪子对黎翔进行攻击。黎翔和酸与激战着，为了家人而战！

在酸与再一次企图抓走尸体的时候，黎翔一跃而起，跳到了酸与的身上，用宝剑刺伤了它的眼睛，并将宝剑插进了酸与的肚子。剧烈的疼痛让酸与不得不放弃纠缠，飞走了。

黎翔被甩在地上，好在没有大碍，被人扶起。他保护住了自己家人最后的尊严。

自此，酸与被人们视为凶兽，认为它一出现，就会发生恐怖的事情。

23 情比金坚的单翅鸟

比翼鸟（蛮蛮）

分类：异鸟类
地域：崇吾山
外貌：身形似野鸭子，青红色羽毛，一眼一翅
特点：无法独立飞行，多成双成对出现

《山海经·西山经》有载："（崇吾之山）有鸟焉，其状如凫，而一翼一目，相得乃飞，名曰蛮蛮，见则天下大水。"另外在《山海经·海外南经》中也有记载："比翼鸟在其东，其为鸟青、赤，两鸟比翼。一曰在南山东。"

比翼鸟又称蛮蛮，是中国古代传说中的鸟，这种鸟身形看起来像野鸭子，羽毛的颜色青中带着红色，但是只有一只眼睛、一只翅膀，很难独自飞行，因此想要更好地飞行的话，就需要两只鸟成双成对地一起飞翔。

由于比翼鸟的这种特性，人们用比翼鸟来形容恩爱的夫妻或者情谊深厚、不离不弃的朋友。

相传在很久以前，有一个叫作季君的人，他的家境很清贫，因此他从很小的时候起就要在家中帮忙，根本没有时间和周围的小伙伴玩耍。他常在干活的闲暇时间和树上的鸟儿嬉戏，模仿它们的叫声。久而久之，他就练就了惟妙惟肖的口技。

长大后他进了王府做工，因为擅长口技，很得王老爷看好，经常让他在席间给客人表演口技。

他的口技非常厉害，就连真正的鸟儿也无法分辨出是真是假，因

此会招来很多鸟儿，这等奇景使他被越来越多的人知道。

王府中有一个待字闺中的小姐，她非常喜欢鸟儿，听闻有这等奇人，十分好奇，于是便偷偷跑去和他攀谈。

两人一来二去，逐渐生情，却不承想被王老爷发现。也是在这时，季君才知道他以为的丫鬟，其实是府中的小姐。他知道两人的身份悬殊，没办法给小姐富裕的生活，于是便狠心离开了王府。

然而季君低估了自己对小姐的爱，离开王府没多久，他就因太过思念小姐卧病在床了。

得知季君离开，王小姐也非常伤心，万念俱灰，最终还不得不听从王老爷的安排嫁给他人。

看着自己家小姐这么伤心，她的丫鬟气不过，准备跑到季君家里将他臭骂一顿。结果没想到却看到卧病在床、气若游丝的季君，从季君口中得知他的打算之后，丫鬟被深深感动了，她答应季君绝对不会告诉小姐。

回到府中，面对整日以泪洗面的小姐，丫鬟焦心不已，却碍于自己的承诺，没有说出实情。

日子一天天过去，到了出嫁那天，成亲的队伍和一个出殡的队伍迎面相遇。丫鬟认出了那是季君的家人，心神大震，看着轿中面色苍白的小姐，终于忍不住说出了实话。

王小姐听后血气攻心，一口鲜血喷出便去世了。这时从她的胸口处飞出一只漂亮的右单翅小鸟，直接朝着送殡的队伍追去。此时也有一只和那小鸟一样的，不过单翅在另一边的小鸟从季君的棺材中飞出。两只小鸟合在一起，飞向了天空，只留下动听的叫声。

人们说他们两人真心相爱，死后变成比翼鸟，再也不会分开了。由此留下了比翼鸟的传说。

中篇

陆地神兽

24 白耳猿猴

狌狌（xīng xīng）

分类：异兽类
地域：招摇山
外貌：身形似猿猴，白色双耳
功效：食其肉会擅长行走

《山海经·南山经》中有"（招摇之山）有兽焉，其状如禺而白耳，伏行人走，其名曰狌狌，食之善走"的说法。

中国古代的南部有一座非常大的山叫作招摇山，它濒临西海，山上的桂树非常多，并且还蕴藏着大量的金矿和玉石。山中有一种野兽，它身形和猿猴相似，有着白色的双耳，有时爬行，有时又像人一样直立行走，这种动物就是狌狌。有传言说，人们若是吃了狌狌的肉，就会变得擅长行走。

狌狌作为招摇山中唯一的兽类，具有特殊的能力，它能通晓过去的事情，只要看到这个人或者动物就能知道他的种类和来历，甚至能猜到他到底想要干什么。因为它的这个能力，所以它常常能躲避一些灾祸。

据传当年有一位屡立奇功的将军，他骁勇善战，能文能武，非常受皇帝的赏识和器重。人们也因为他的庇护得以安居乐业，因此对他十分爱戴。

然而在一次和敌国作战的过程中，敌人使用毒计偷袭了这位将军，使得将军双腿受了伤。这对于一个在战场上驰骋半生的将军来说无疑是非常沉重的打击。

虽然这次作战大获全胜，但自此将军的意志变得非常消沉，访遍名医也没有找到解决的方法。

这时有一个人告诉将军，他的家乡有一种叫作狌狌的野兽，传言吃了它的肉就会变得擅长行走，但是这只是传言，真假不知。

哪怕有一点希望，将军也不想放弃，于是就带着人去了那人的家乡。

"哎，这你就别想了，这狌狌聪明得很，它能知晓过去，你想干什么它一清二楚，根本不会上当的！"村长对他们此行不是很看好。

"那您知道怎样才能抓到它吗？"将军很是恳切地问。

村长想了想："狌狌好像喜欢喝酒。"

将军沉吟了一下，对村长道谢告辞，回去之后就让人拿上几坛好酒一起上招摇山去。到了山上之后，将军把酒的封口都打开，香醇的酒香一下子顺着风就飘出了好远。

远处躺在草丛里的狌狌一闻到酒味，"噌"地就坐了起来，一路顺着香味来到将军附近。它利索地爬上树，细细观察，只是几眼，就弄清了他的过去和来历。于是对他们喊道："别想诱惑我，我是不会上当的！"说完它就跑了。

士兵正想去追，将军摆了摆手，笑着说无碍。后来他们每一天都会带着美酒来这里。

终于有一天，狌狌忍不住了，跑了过来，安慰自己道："只是喝一点点没关系的。"于是就拿起将军准备的酒喝了起来，没想到几坛下去就晕了，被将军抓住。

好在将军为人宽厚，只从狌狌身上割了一小块肉，便将它放了。要不然啊，这只憨憨的狌狌可就性命堪忧了。

回去之后，将军吃下狌狌的肉，腿果然好了！于是关于狌狌的传言就这样流传开来了。

25 见则动土的野兽

分类：异兽类
地域：柜山
外貌：身形似野猪，长着鸡一样的脚
特点：出现则大兴土木

> 《山海经·南山经》中有"（柜山）有兽焉，其状如豚，有距，其音如狗吠，其名曰狸力，见则其县多土功"的说法。

古代的柜山之上，有一种野兽名叫狸力，它是我们中国古代神话传说中的神兽之一。它的样子和我们现在看到的野猪很相似，但是却没有长着猪蹄，而是长着像鸡脚一样的鸡距，叫声听起来像是狗叫一样。

通常人们看到狸力的地方，地面都是坑坑洼洼的，略有起伏，因此人们猜测它善于挖土，后来逐渐演变为狸力出现在哪个国家，哪个国家就会大兴土木。

据说当年秦始皇统一六国的过程中，很喜欢这六个国家的宫殿建筑，于是便想在自己的国家里也建造一样的建筑。

出于这点考虑，秦始皇每灭掉一个国家，就会让人将这个国家的宫殿全部都画下来，然后将建筑的各项数据记录在册。在他统一六国之后，将都城定在了咸阳。他命令工匠按照图纸将这些建筑一一仿造出来。

宫殿建筑的营造，使用了大量的人力物力，百姓十分辛苦，每天都起早贪黑地搬砖、修葺、筑墙，一点休息的时间也没有，因此很多人都累倒了。可就算是这样，也依然要爬起来做工，不然就会被责骂，甚至遭到鞭打。

在人们挖土的时候，有时候会看到狸力出现，发出狗叫一样的声音。

等到宫殿建造完毕，狸力也不见了踪影。

后来，为了巩固国家的防线，秦始皇又开始建造万里长城，召集了很多穷苦百姓，让他们没日没夜地劳作，搬运很沉的大石头，不能有一丝一毫的懈怠。他们一旦动作慢了一点，就会有监工的士兵对其拳打脚踢。

疲惫充斥在人们的身体里，在这样夜以继日的建造中，很多百姓都被累死了。

人们又开始频繁地见到狸力的身影，耳边经常能听到它的叫声，像是魔咒一般笼罩在人们的心头。

难道是这狸力给我们带来了这么沉重的劳役吗？如果不是它，为什么每次只要大兴土木都能见到它呢？一定是狸力惹的祸，才使得我们这么劳累、累死了这么多的人。这个念头盘桓在大家的脑海中。

终于，长城修筑好了，也因为它牺牲了很多百姓。人们迁怒于狸力，认为如果不是它出现，就不会大兴土木，也就不会死这么多人。于是后来，人们一见到狸力，就会尽力驱赶捕杀它们。慢慢地，在人们的追杀中，狸力逐渐灭绝了。

26 滑翔王者

飞鼠

分类：异兽类
地域：天池山
外貌：老鼠头，圆黑豆眼，身形似兔子，背上有长毛
特点：依靠背上长毛滑翔

> 《山海经·北山经》中有"（天池之山）有兽焉，其状如兔而鼠首，以其背飞，其名曰飞鼠"的说法。

中国古代有一座天池山，山上没有草木，遍地都是带有美丽花纹的石头。山中有一种野兽，它的样子十分可爱，身体像兔子一样，有长长的绒毛，看起来毛茸茸的。但是它的头和老鼠相似，圆圆的黑豆眼、小巧的鼻子和嘴巴，无一不在向人们展现着它的可爱。这就是人们口中说的飞鼠。

飞鼠的个头很小，平时依靠背上的长毛在山林之中滑翔。

相传当年飞鼠因为胆小且喜欢安静，一直在天池山上隐居。它们不喜欢像别的动物一样垒窝，而是喜欢居住在现成的岩壁石缝或者洞穴之中。

有一次打仗的时候，皇帝为了鼓舞士气，御驾亲征，却不料中了敌人的埋伏，与队伍失散，仅靠着贴身护卫一人之力杀出重围。然而为了保护他，那名侍卫也失去了性命。

天色越来越晚，为了保证自己的安全，皇帝小心翼翼地沿着小溪流寻找可以居住的地方。终于皇天不负有心人，他找到了一个干燥的洞穴，不热不凉，非常适合居住。更加幸运的是，他发现这里居然还

有一些松子、浆果和坚果等可供食用。

于是饥肠辘辘的他席地而坐，一边吃浆果补充体力，一边等待救援。

没过多久，他就听到洞口有声音，顿时警觉起来。待他屏住呼吸，小心翼翼地抬眼望去，正对上一双黑豆似的小眼睛。

刚刚觅食回来的飞鼠没想到自己洞穴里居然有人类存在，受到了惊吓，毛发"嘭"地乍（zhà）开来，一下子飞到一旁的石缝中偷偷观察这个人类。结果，它发现自己储存过冬的坚果竟然被这个人类吃掉了，非常生气。

飞鼠被气得直叫，但是又因为胆子很小，不敢出去，只能在石缝中咒骂这个人类。

皇帝起初也被这个小东西吓了一跳，尤其是看到它飞起来的时候，更是惊讶不已，这么个小老鼠似的动物居然能够飞那么远。后来他听到飞鼠直叫，再看看自己吃剩下的坚果，顿时明白了什么，一时间有点尴尬。

想他一代皇帝，居然落魄到如此地步。

"我不是故意的，等我出去，给你很多坚果。"皇帝尴尬地解释。他也不知道为什么要跟一只动物解释，可能是因为它太通人性了。

飞鼠露出个小脑袋，盯着他看了很久，好像听懂了一样，慢慢从石缝中挪出来。

接下来的两天，皇帝也不敢随意出去，就靠着吃飞鼠的坚果活着，时不时地与它说话。飞鼠偶尔会回应，像是真的和他对话一样。

终于侍卫们找来了，飞鼠看到这么多人，吓得飞走了。皇帝命人找来了一大堆坚果放在山洞里，这才走了。

等人都离开之后，飞鼠才回到洞里，它看到地上大量的坚果，高兴极了。

27 鼻子有针的毒蛇

分类：异兽类
地域：即翼山
外貌：红白相间，身上有绶带纹理
特点：身上有剧毒

《山海经·南山经》有载："又东三百八十里，曰即翼之山，其中多怪兽，水多怪鱼，多白玉，多蝮虫，多怪蛇，多怪木，不可以上。""又东三百五十里，曰羽山，其下多水，其上多雨，无草木，多蝮虫。""又东四百里，至于非山之首，其上多金玉，无水，其下多蝮虫。"

从前有一座即翼山，山上有很多怪兽，山下的水中有很多怪鱼，山林之间不但怪树繁多，蝮蛇也很多，因此虽然山中盛产白玉，储量丰富，但是很少有人肯冒险上山。

这些让人们畏惧的蝮蛇到底是什么呢？

蝮蛇又称反鼻虫，颜色红白相间，蛇身上有着绶带般的纹理，鼻子上有针，针上有剧毒。大的蝮蛇重量几乎和一个成年人差不多，有一百多斤。

蝮蛇为什么这么让人畏惧呢？

在很久以前，白玉石洁白无瑕，色泽亮丽，用其搭建成的房屋既好看又结实，因此有钱的人家都喜欢用白玉石搭建房屋。但是市场上白玉石十分稀缺，因此更显珍贵。

有一次，一名猎户在上山打猎的时候，被野兽追赶，和同伴跑散了。慌乱之中，他跑到了一个地方，本以为性命不保，然而野兽像是畏惧什么，逃跑了，他幸运地发现了白玉石矿。

　　想到白玉石价值连城，这名猎户赶忙跑回村中，将他看到白玉石的经历一说，大家纷纷心动，所有人都想分一杯羹，最后推举出村子中最强壮的几个青年上山打探情况。

几个年轻人跟随经验丰富的猎户上了山，一路上十分小心，生怕惊动了山间的野兽。经过几个小时的赶路，他们终于来到了白玉石的"藏身之处"。

他们看着满地的白玉石惊呆了，这是多少财富啊！洁白的玉石仿佛化为钱币在他们眼前晃悠，他们的目光一时无法从白玉石上移开。

"咝咝——"就在他们沉浸在发大财的美梦中时，殊不知危险已经悄悄来临。

在不远处的一棵怪树上，两只如同宝石般发亮的眼睛正死死盯着他们，像是打量自己的晚餐。

"啊！救——"忽地，一个人轰然倒地，把其他人吓了一跳。

众人面色惊恐地看着这突然蹿出来的庞然大物。"这是——蝮蛇！"原来蝮蛇一直盘在怪树之上，只不过是因为颜色和怪树的颜色相仿，他们才没有发现。

再看那个被蝮蛇咬了的人，此时已经口吐白沫，面色青黑，无力回天了。仅仅在几个呼吸之间，这人就没了生命，这蝮蛇也太可怕了。

人们连忙拔腿就跑，哪里还顾得上玉石，还有人试图偷抱一块玉石回来，也被蝮蛇咬死了。

幸存的几个人回到村里，将事情一说，听者冷汗一下子就下来了。自此再也没有人敢轻易上山，去见识蝮蛇的厉害了。

28 白毛的幼猪

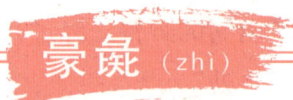豪彘（zhì）

分类：异兽类

地域：竹山

外貌：形似幼猪，绿豆眼，白色硬毛

功效：身体和粪便都有药用价值

> 《山海经·西山经》中有"（竹山）有兽焉，其状如豚而白毛，大如笄而黑端，名曰豪彘"的说法。

古代有一座因为盛产铁矿而闻名的山，名叫竹山，山中有一种神奇的草药叫作黄雚（guàn），可以用来消除疥疮或者浮肿。除了这种草药之外，山中还有一种野兽，它的身体和粪便都可以入药，这种野兽就是豪彘。

豪彘长得像幼年的小猪，眼睛似绿豆般大小，眯成一条缝，身上长着白色的毛，这种白毛不像其他动物的毛那样柔软，而是坚硬异常，像簪子一样粗细，毛的顶端呈现黑色。豪彘的腿很短，因此跑起来就会显得很着急。

别看它长得像幼年的小猪，但是真要是对上虎豹豺狼等凶猛的野兽，豪彘也是可以一战的，它经常采用以退为进的方式进行对战。

由于豪彘本身就具有药用价值，在古代很多人都会上山去猎杀它们。

有一天，一个猎户为了给家中即将生产的妻子买更好的补品，带好工具去山上打猎。

当他设置好陷阱，就拿着弓箭躲在一旁的草丛之中，伺机而动。

等待了很久，忽然听到一阵急促的奔跑声，他打起精神，定睛一看，原来是一头豪彘。豪彘不仅可以入药，还可以卖了换钱，真是太棒了。

猎户屏息静气，等待着时机。

不一会儿，就见豪彘直冲冲地奔着陷阱的方向而去。一声短促的哀嚎响起，猎户知道，豪彘落网了。

他刚想出去，又是一阵震动，他连忙躲了回去，原来又来了一只豪彘。他有些兴奋，同时又有些后怕。兴奋的是要是能猎得两只豪彘，就能换取更多的金钱了；后怕的是万一他刚刚出去了，正好被豪彘撞个正着，估计就难逃一死了。

正当他胡思乱想的时候，外面的两头豪彘已经开始"交流"了。猎户蹲在草丛里看了个明白，落到陷阱里的应该是雌性豪彘，此刻被网子吊起，十分惊慌；在下方的是雄性豪彘，此时正在想办法解救它的"伴侣"。

相传，豪彘这种野兽十分专情，一生只有一个伴侣，就像是我们现在的夫妻一样，采取一夫一妻制，一对豪彘会相守一生。

猎户看着雄性豪彘一遍一遍地向树上撞去，试图将网子震落，解救雌性豪彘，哪怕是自己的头已经开始流血了也在所不惜，不由得有些感动。

想到家中还在怀孕的妻子，猎户闭了闭眼，站起身，抬手拿出弓箭，一箭射出，正好将拽着网子的绳子射断。

雌性豪彘落下，两只豪彘警惕地看了他好久才跑开。

猎户在它们离开之后，又重新布置了一下陷阱，猎了一些小动物才回去。

回到家中，他满怀歉意地将这件事情告诉了妻子，妻子非但没有责怪他，反而十分开心，两人约定未来要像这两只豪彘一样，对彼此不离不弃，厮守一生。

29 长毛"领路人" 旄（máo）牛

分类： 神兽类
地域： 潘侯山
外貌： 形似牦牛，耳小，犄角坚硬，四肢有长毛
特点： 擅长认路

> 《山海经·北山经》中有"又北二百里，曰潘侯之山……有兽焉，其状如牛，而四节生毛，名曰旄牛"的说法。

古代的潘侯山上，有一群野兽，它们的体形像牛一样，肩部有显著的隆起，耳朵较小，头上长着坚硬的犄角，角多为黑色且比较粗；体形比较笨重、粗壮，四肢短但是很强健，四条腿上长着长长的毛，这种野兽就是旄牛。

旄牛和我们现在的牦牛相似，防寒保暖能力很强。它们的性情都比较温和，反应灵敏，具有一定的抗病力。

相传旄牛有很强的认路本领，不但擅长走陡坡险路、雪山沼泽、大江激流，还能够避开陷阱择路而行。

在古时候，曾有一个车队，他们押送着货物途经一座大山，正赶上寒冬腊月，大雪纷飞，鹅毛般的大雪霎时就将道路装点成了银白色。

车队的商人们艰难地顶着寒风前行着，脸上如刀削一般疼痛。

在这样恶劣的天气之下，随之而来的是辨别方向的困难。

"队长，这可怎么办啊？这样下去，大家都扛不住了。"

队长皱着眉头说："先扎营休息一下。"看着队员离开，队长看

着这漫天的大雪陷入了沉思。

他们已经被困在这座山里快半个月了，山中一直下着大雪，风雪使他们的视线受到了阻碍，根本无法辨认方向，一直在山里打转。

现在粮食越来越少，再这样下去，恐怕他们就坚持不住了。这可如何是好啊！

正想着，队长隐约在前面看到一群黑色的小点，随着黑点越来越近，他看出这是一群牦牛。

"全员警戒！"队长连忙发出警告，让队员们提高警惕，生怕牦牛冲散了队伍。

然而就在众人很紧张的时候，牦牛靠近了队伍，但是没有进行攻击，反倒是发出声音，像是在示意他们跟着走。

"队长，这……"队员们面面相觑，不知所措，随后看向了队长。

队长沉吟片刻，立刻就拍板决定跟上，毕竟再在这里耗下去也只是死路一条。

有了队长的决定，所有人立刻就像有了主心骨一样，全部整装待发，默默跟随在牦牛身后。

牦牛带领他们走的是一条完全陌生的道路，大家都非常怀疑，但队长坚定地安抚了他们。这条道路比他们之前走的都平缓太多了，货物的车轮也没有太打滑，十分便利。

就这样一直走，过了好长时间，他们终于走了出来。所有人都大为惊喜，忍不住欢呼。

队长一直紧绷的神经也终于有所放松了，他赌对了。

等所有人缓过神，想要向牦牛道谢的时候，却只能看到它们化身成一个个小黑点，逐渐远去的背影了。后来车队回到镇上，就将他们的这段经历和周边的人分享，人们纷纷称赞这些牦牛是有灵性的野兽，随着传言牦牛也越发神圣化。

30 狗身人脸的怪兽

分类：异兽类
地域：狱法山
外貌：人脸狗身
特点：擅长投掷，出现会带来大风

> 《山海经·北山经》中有"（狱法之山）有兽焉，其状如犬而人面，善投，见人则笑，名曰山㹛，其行如风，见则天下大风"的说法。

古代的狱法山上有一种野兽，它长得十分怪异，有着像狗一样的身体，却长着一张人脸，这种野兽被当时的人们称为山㹛。山㹛非常擅长投掷东西，要是古代有篮球，相信它一定是投篮的一把好手。

山㹛见到人们的时候喜欢大笑出声，行走的速度像风一般快，所到之处都必然会带来大风，因此人们认为它的出现是大风的前兆。

相传当年人们常常去狱法山上打鱼、挑水、洗衣服等，有时候还会带上小孩子，在山上嬉戏玩耍。

有一次，几名妇人带着自己的孩子在河边洗衣服，孩子们则在不远处的小溪边打闹玩水。

正当孩子们玩得高兴时，突然其中一个孩子感到脑门一疼，他连忙捂住额头，捡起掉落在地的果子，龇牙咧嘴地问："是谁打我？"

小伙伴们一下子全停了下来，你看看我，我看看你，谁也没有说话。

"敢做不敢承认吗？"孩子生气地大喊。话音刚落，后脑勺又挨了一下。"哎哟！"他疼得直吸气。

"哈哈哈哈哈哈……"一串大笑声从草丛里传来。

"这回我可发现你了!"孩子捂着头转过身,愤愤地朝那边跑去,手里还攥着刚才的果子。

他扒开草丛,一低头,正对上一张大笑的人脸。"我的妈啊!"

他被吓了一大跳，一屁股坐在了地上。

在他身后不远处的小伙伴们不明所以，还在嘲笑他："你不是挺厉害的吗，怎么这会儿害怕啦？"

"看到什么了？是谁打的你？"

小孩哆哆嗦嗦地站起身，转身就跑："妖、妖怪啊！"然而还没等他跑出去几步，只感觉身后一阵大风吹过，带着他不由自主地原地转了个圈，最后呆若木鸡地坐在了地上。

小伙伴们闻言顿时一惊，也跟着转身就跑。然而他们再快，也比不过山猈快，山猈在他们身边跑过，带来一阵巨风，将他们吹了个四脚朝天。

不仅如此，山猈还朝他们每一个人头顶都扔了一个果子，疼得他们哇哇大哭，山猈自己却咧开嘴大笑着。

妇女们听到孩子的哭声，赶快过来查看，却只觉得一阵大风吹过，再看去哪里还有山猈的踪影！

由此，听着孩子们的描述，山猈行走如风、善投掷的传闻就流传开来了，渐渐人们也就认为山猈出现的时候就预示着大风要来临了。

31 四只角的食人羊

土蝼（lóu）

分类：异兽类
地域：昆仑山
外貌：形似山羊，头上有四只角
特点：食人肉

> 《山海经·西山经》中有"（昆仑之丘）有兽焉，其状如羊而四角，名曰土蝼，是食人"的说法。

大家都知道山羊一般是吃草的，但是在古代昆仑山有这样一种怪兽，它形似山羊，但是专吃人肉。这就是传说中的土蝼。

别看土蝼的名字听起来像一种昆虫，事实上土蝼是非常凶残的。土蝼外貌看起来和普通的山羊没有什么太大的差别，唯一的不同就是它有四只角。土蝼喜好吃人，且力大无穷，即使是一座大山也能轻易推倒，但凡是被它撞到过的，不管是人类还是动物，都会当场死亡，无一幸免。

相传在天帝下界的都城昆仑山中，有着各种各样的奇花异草，其中更是有一种形状很像葵菜，味道却和葱差不多的草，这种草吃了之后可以远离各种烦恼忧愁，被当时的人们称为"神仙草"或者"忘忧草"。人们都非常想要得到它，也有人愿意出高价购买这种草。

正所谓"重赏之下必有勇夫"，很多人都愿意冒死一试，一旦成功，就有享不尽的荣华富贵在向他们招手，为何不试一试呢？

但抱着这种心态去昆仑山的人大多有去无回。

陆元的哥哥就是前去昆仑山探险的人中的一个。他去了两个多

月，音信全无，家中的所有人都很担心，母亲更是日日以泪洗面。偏偏和他同去的人竟无一人回来，这让陆元想打听一下都没办法。

在母亲担忧的目光中，他决定跟随下一批去昆仑山的人一起去，顺便寻找哥哥的下落。

他将母亲安顿好之后，便跟着众人一起上山了。

他们一路上排除了各种艰难险阻，风餐露宿，终于到达了昆仑山。他们小心地朝山上走，陆元跟在最后，他带的粮食不多，已经好几天没吃饱了。

走着走着，他看到一棵和棠梨树类似的树上结着红色的果子，忍不住摘下了几颗放在嘴里吃了，果子的味道有点像李子，但是没有核。

还没走多远，他们就遇到了像羊一样的怪物，开路的人被土蝼一下子就撞死了，几口就被吞入肚中。这一幕吓得他们肝胆欲裂，所有人都往后跑，什么都顾不上了，却一个个被土蝼撞死。陆元身后的一个人被土蝼撞死，正好将他顶了出去落在了水里。

就在陆元以为自己会被淹死的时候，不想却漂在了水上。原来他吃的果子名叫沙棠，可使人在水上不沉下去。就这样一路漂浮，竟然真的让他活着回到了村里。

陆元明白自己的哥哥恐怕也早就葬身土蝼的口中了，他回去后将自己的事情编撰成书，告诫世人。由此昆仑山也越发神秘，土蝼凶残的习性也广为人知。

32 雌雄同体的长发野猫

分类：异兽类
地域：亶爱山
外貌：形似野猫，有一头飘逸的长发
功效：食其肉可使人不产生嫉妒心

《山海经·南山经》中有"又东四百里，曰亶爱之山，多水，无草木，不可以上。有兽焉，其状如狸而有髦，其名曰类，自为牝牡，食者不妒"的说法。

相传中国古代有一座特别奇特的山，名叫亶爱山。这座山上以水域为主，没有任何的花草树木，所以人们基本上没法攀登上去。就在这座亶爱山上有一种野兽，它的身体像野猫一样，头上却长着和人一样的飘逸长发，这种野兽就是类。

类是难得一见的雌雄同体的野兽，它集雄雌两种性器官于一身，可以自己受孕，繁殖后代，相传吃了类的肉可以使人不产生嫉妒心。

古时候有这样一个国家，皇帝有三个儿子。大儿子成熟稳重，霸气十足；二儿子文采斐然，博古通今；小儿子骁勇善战，熟读兵法。三个儿子各有各的特色，都非常出众，这是让皇帝极为自豪的地方，也是令他最为头疼的地方。

皇帝的年纪大了，三个儿子都如此优秀，那么他到底该立谁为太子呢？为了这个问题，不仅仅是皇帝，就连大臣们也吵翻了天。

有人说大皇子成熟稳重，又是长子，肯定是太子的首选；有人说二皇子宅心仁厚，文采出众，定是仁君之选；又有人说三皇子英勇无比，肯定能带领他们的国家开疆拓土！

这三兄弟本来还维持着表面上的友好，但是各种声音听多了，就都觉得自己才是那个真命天子，纷纷开始互相背后捅刀，弄得朝堂上乌烟瘴气。

皇帝知道之后非常生气，他身边的侍者提议："臣的家乡有一种叫作类的野兽，吃了它的肉可以使人不产生嫉妒之心。"

皇帝听了非常心动，赶快命人跟随侍者到他的家乡捕捉类。

奈何亶爱山上根本没有任何花草树木，只有河流，所以他们只能在山下等候类的出现。

类的身手很是敏捷，尽管他们几次看到类，但是都没能成功捕捉。其中一名士兵看到类的长发，灵机一动，找来很多胶水，粘在棍子上。

于是等他们再一次看到类的时候，士兵上去就将抹有胶水的棍子一挥，粘住了类的长发，众人合力终于将类捉了回来。

回去之后，皇帝赶忙让人煮了这肉，再宴请三位皇子，在宴会上亲自看着他们吃了下去。

自此之后，三人兄友弟恭，相处得别提多和睦了。几年之后，皇帝将皇位传给了大皇子，二皇子和三皇子不但没有丝毫的嫉妒之心，还非常尽力地辅佐兄长。二皇子帮他处理朝政，三皇子帮

他戍守边关、抵御外敌。

一时间，在三兄弟的齐心协力之下，国家越发昌盛起来，三兄弟开创了一代盛世，流传千古。

类肉有神奇功效的佳话一直被人们传扬下去。

可食铜铁的猛兽

分类：神兽类

地域：南山

外貌：形似熊，黑白色

特点：非常吉祥，可避免瘟疫、疾病以及厄运发生

> 《山海经·西山经》中有"又西百七十里，曰南山，上多丹粟。丹水出焉，北流注于渭。兽多猛豹，鸟多尸鸠"的说法。

古代的南山之上，遍布着粟粒大小的丹砂，山中生活着很多名叫猛豹的野兽。大家别看猛豹的名字就觉得它肯定是一种豹类的动物，其实不然，猛豹实则是一种与熊类似的动物，但是体形较熊相比要小很多。它的毛发为黑白色，柔软有光泽，非常顺滑。

相传猛豹可以食蛇，甚至可以食用铜矿石和铁矿石，一般在蜀中地区出现得比较多。

在古代，人们普遍认为猛豹是一种非常吉祥的动物，因此常常会使用猛豹的皮毛制成坐垫或者寝具，以避免疫病和厄运的发生。

曾经有个富商，他富可敌国却多年没有自己的孩子，终于在晚年的时候得到一个儿子，他视如珍宝，恨不得将所有的宠爱都给他。

但是这个孩子在出生的时候受了风寒，身体非常虚弱，经常生病，即使吃了各种珍贵的药材调理也不见好转。

直到后来有一名游历的道士路过此地，被邀请到府中做客，这才道出了孩子一直生病的原因。

"这一看就是邪气入体之象，若非你家中富有，一直以稀有的

药材续命，这孩子早就夭折了。想要让令郎痊愈，除非找到传说中的猛豹，用它的皮毛制成寝具，让令郎日夜睡在上面，方可驱逐疾病与邪气。"

富商闻言十分欣喜，可道士又说："但这猛豹可食铜铁，一般的武器是无法伤害它的，更别提杀了它。"

见富商有些失望，道士就将自己认识的一位名医介绍给他，推荐他带着孩子去看看。

告别道士之后，富商决定去名医那里看看，于是带着孩子和奴仆上路了。路经蜀中的时候，遇到了大暴雨，孩子不幸走失了。

他非常着急，连夜去找，等找到孩子的时候，他正趴在一个黑白色的熊身上睡得香甜，这可把富商吓坏了。他们几次想夺回孩子，但无论使用什么武器，都被那猛兽吞进了肚子里。

"老爷，这怕不是那猛豹？"奴仆提醒他。富商仔细看了看，果然和道长所说一致。虽然想要捕杀它，但是碍于孩子的安全一直没有动手。

等孩子醒来，果然面色红润了许多。在确定猛豹不会伤害孩子之后，富商犯了难，打也打不过，这可怎么办？

经过商议，他决定让孩子继续跟猛豹待几日。日子一天天过去，富商定时投喂给猛豹竹子等食物，而孩子也渐渐健康起来。

一个月后，孩子已经变得和常人无异了，富商这才留下一大批竹子，带孩子回去。回去之后为了避免再次发生邪气入体的事情，富商在孩子睡觉的屏风上画上了猛豹的画像，就这样孩子健康地长大了。

34 狗身豹纹长着牛角的野兽 狡

分类：神兽类
地域：玉山
外貌：身形似狗，豹纹，头上有牛角
特点：出现会带来五谷丰登

《山海经·西山经》中有"（玉山）有兽焉，其状如犬而豹文，其角如牛，其名曰狡，其音如吠犬，见则其国大穰"的说法。

玉山之上生活着这样一种野兽，它们的身体像普通的狗，但是却长着豹子一般的斑纹，头上还长着和牛角一样的角，这种野兽的名字就叫作狡。

狡的叫声和狗一样，如果人们不仔细观察的话，会将狡看成是狗也说不定。传说中，狡出现在哪个国家，哪个国家就会五谷丰登，因此人们将狡看作祥瑞之兆。

相传当年有一个国家，这个国家的人们以肉食为主，很少吃粮食，形成这样饮食习惯的原因是他们国家的土壤不够肥沃，而且天气变幻莫测，经常发生旱灾或者洪涝，所以粮食的产量非常低。

因此只有富贵人家或者是皇亲国戚才能吃得起粮食，平民百姓只能畜养牲畜，吃肉食，只有在过年的时候全家才会吃一些米饭或者馒头等。

这个国家中的农民占全国人口的大多数，由于天气的原因人们的生活水平一直没能提升上去。

有一年，种子播种下去之后，所有人和往年一样期望庄稼能够丰收，即使心中早已知道答案，但还是抱着一丝希望。

柳丰也是这些人中的一员，他家中比较穷，只有他和弟弟两个人相依为命，养了几只鸡和一条狗。父母给他和弟弟起名叫柳丰、柳硕，无非是想让他们的粮食丰硕，生活富足。

"哥，你回来啦，你看我捡到了什么。"弟弟柳硕站起身，身后站着自家的狗大黄和一只陌生的"狗"。

"这是从哪里来的？"柳丰一面放下锄头一面问。

"我去玉山下捡果子，看见它的腿受伤了，我就把它带回来了。"柳硕指着狡的后腿，"不过我从没看过这样花纹的狗，还长着犄角呢！"

柳丰却没有心思多看，他皱着眉看着天上的乌云，只希望千万不要大旱或者发生洪涝才好。

谁知乌云却缓缓散开了，露出一片晴天。

遇到好几天不下雨，柳丰又开始担心，这时却飘来一小片云彩，降下了雨水。

柳丰松了一口气，谁也没有想到这些天气的转变会和脚下的"狗"有关。

随着时间推移，这一年里国家风调雨顺，粮食产量十分可观，让所有人都大为震惊。

粮食丰收的这天，所有人都出来庆祝，柳丰兄弟两人也难得高兴地带着家中的两只"狗"一起出来凑热闹。

"天哪，这不是传说中的狡吗？""狡？就是传说中出现了之

后，国家就会五谷丰登的狡吗？"众人议论纷纷，好奇地打量着狡。

反倒是柳丰兄弟两个一脸茫然，后来经人介绍他们兄弟两个才知道养了一只了不得的动物。

自此之后的每一年，狡都会保佑这个国家五谷丰登，人们逐渐过上了富足的生活。

35 独眼野牛

𪊨（mǐn）

分类：异兽类
地域：黄山
外貌：身形似牛，浑身苍黑，头顶长有碗口大的一只眼
特点：声音如钟，能震碎山石

> 《山海经·西山经》中有"（黄山）有兽焉，其状如牛，而苍黑大目，其名曰𪊨"的说法。

古代的黄山之上，没有任何草木，遍地都是非常矮小的竹丛。山中有一种野兽，这种野兽看起来像牛，毛发是苍黑色的。在它的头顶之上有一只像碗口那么大的眼睛，这种野兽就是𪊨。

𪊨的眼睛宛如深夜中的探照灯，一眼万丈。它的声音如洪钟，大吼一声就连山石也能够震碎，更不要提其他动物了，一听到就会被震得胆裂。

相传古时候，人们经常会为了去黄山之上采玉石而冒险进山。

一天，一队人马历经千辛万苦才躲过各种野兽到达黄山。

"队长，我们这一路躲躲藏藏，总算是到了。"队员们累得瘫坐在地上。

"是啊，不过大家还是要小心，谁也不知道这山上还有没有其他野兽，毕竟我们的前辈也只知其一不知其二。"队长一边休息一边打量着四周，谨防出现危险。

"我们休息一会儿就赶快去挖玉石，不要耽搁时间，避免发生危险。"

"是!"

所有人休息够了,就立即拿出工具,开始开采玉石,留下一人注意着周围的情况。

正当大伙儿干得热火朝天的时候,忽然好像整座山都开始震动,所有人都被震得东倒西歪,跌倒在地上。

"这是怎么回事,难道地震了不成?"大家不明所以,只见到原本在树上望风的那人面色苍白,满身是汗地跑了回来。

"队长，我看到了一只独眼牛，它声音威力十分大，只一声大吼，周围的动物便都死了，连岩石都被震裂了。最重要的是，我看见它朝着咱们这个方向来了。"

闻言，大家一下子慌乱起来，队长当机立断："拿上东西，撤！"

所有人也不管玉石有没有挖完，背起挖好的玉石和工具，就飞快地往山下跑去。

可两条腿怎么可能跑过四条腿呢？没跑多长时间，他们就感受到了身后地面的震动。

绝望笼罩在每个人的心头。

"分开跑，到山下会合。"听了队长的命令，所有人分散开，三两个人一个方向。

等到犟追到这里的时候，巨大的眼睛虽然能够看到所有人的踪影，却分身乏术，只能朝着一个方向追去。

傍晚，队长到达山下的时候，已经有很多人在等了，他们看到队长，露出欣喜的笑容。

"还有多少人没回来？"

"还有十个。"所有人都没有走，都在山脚下等待那十个人的回归，但陆陆续续只等回来了六个人。

一直到第二天清晨再也没有人回来了，失去同伴的伤感冲淡了劫后余生的喜悦。

他们回到村子里，将这次遇到的野兽说给了村里更多的人听，关于犟的故事也被他们记录在册，供后人参阅。

36 一眼三尾的野猫

谨（huān）

分类：神兽类
地域：翼望山
外貌：身形似野猫，一眼三尾
特点：御凶煞邪，食其肉可治疗黄疸（dǎn）病

《山海经·西山经》中有"西水行百里，至于翼望之山，无草木，多金玉。有兽焉，其状如狸，一目而三尾，名曰谨，其音如夺百声，是可以御凶，服之已瘅"的说法。

在古代，翼望山上没有草木，只有金矿和玉石，山中有一种野兽，身形像野猫一般，却有一只眼睛和三条尾巴，这种野兽就是谨。

谨有两个很奇特的地方，第一个自然是它的长相，另一个就不得不说是它的声音了。谨的声音有百种之多，它能模仿很多动物的叫声。相传它可以御凶煞邪，它的肉可以治疗黄疸病。

古时候，有一户人家，家中老人的皮肤开始无故发黄，短短几个月竟变成一个"黄人"。家人们担心不已，这是为什么呢？

于是他们连忙请来了大夫为老人家诊治。

大夫诊断之后，面色有些凝重："这是明显的黄疸病，看起来已经有些日子了，身上的皮肤都变成深黄色就意味着很严重了。"

听了大夫的诊断，家人们一时间都有些慌了。

"那怎么办？""要吃什么药？""还能治好吗？"

大夫被大家团团围住，他抬手示意大家安静："老人家的黄疸病已经到了晚期，如果想要痊愈，恐怕要去一趟翼望山了，山上有一种

叫作谨的野兽，它的肉可治病。"

于是家里人立即前往翼望山寻找谨的踪迹，可是一连几日都找不到，有时候刚看到它的影子，就被它的声音糊弄过去了，半个月下来一无所获。

这样下去，老人的病可怎么办哪？正当所有人一筹莫展之际，家中传来消息，镇上有一个大户人家，专门饲养了一头谨用来御凶煞邪，保家宅平安。

家中的长子立即决定，留下一部分人继续寻找谨的踪迹，剩下一部分人赶快回去，上门求谨。

第二天一早，长子立即就去了这家大户人家，说明来意之后，直接就被拒绝了，谨毕竟是用来保佑家宅平安的，如何能随意冒犯呢？

被拒绝之后，长子没有气馁，日日去府前跪着，希望主人能发发善心给予他一小块谨的肉。

日子一天天变冷，天上下起了雪，短短一刻钟，长子的身上便覆盖了一层雪。

终于他的孝心感动了主人，主人才勉强同意割一小块谨的肉给他。长子拿到肉之后就连忙往家里赶，却在途中因为风雪太大，马车坏了。

为了家中的老人，他只好顶着大风雪，自己跑回家中。到家的时候，整个身子都冻僵了，可怀中的肉还是温热的。

事情虽然一波三折，幸好最后还是及时救治了老人，老人的黄疸病很快就痊愈了，皮肤也慢慢变回了原来的颜色。

37 五尾一角的赤豹

狰（zhēng）

分类：神兽类
地域：章莪山
外貌：身形似豹子，通体红色，五尾一角
特点：辟邪，保佑家宅平安

> 《山海经·西山经》中有"又西二百八十里，曰章莪之山，无草木，多瑶碧。所为甚怪。有兽焉，其状如赤豹，五尾一角，其音如击石，其名曰狰"的说法。

中国古代的章莪山上草木不生，到处遍布着瑶、碧一类的美玉。这座山里常常有瑰丽奇异的东西。山里生活着一种野兽，它的身体像豹子一般，通体红色，有五条尾巴和一只角。它的叫声如同石头撞击一样铿锵有力，所以人们称它为狰。

相传当年狰最开始出现的时候，是一种非常凶狠的恶兽，经常在人间作乱，搞得民不聊生。

恰巧这时山神烛龙从这里路过，看着苦不堪言的百姓，出手降伏了狰。从此以后狰就跟在了烛龙身边，成为烛龙的追随者。烛龙将狰带回了自己掌管的钟山一起生活。

由于烛龙的体形非常庞大，身长有千里之多，所以狰只能围绕在烛龙的四周，殷勤地为烛龙清洗身体，打扫卫生，当了一段时间的苦力。

随着时间一点点流逝，狰在烛龙身边的时间越长，它受烛龙的影响越大，潜移默化中，它的暴虐气息逐渐淡化，最后完全消失了。

有一天，烛龙出去了，狰像往常一样在钟山等待它回来，可谁也没想到这一等就是好几十年。

等待是漫长的，狰终于忍不住了，在烛龙消失了很久之后，它也离开了钟山，开始踏上了寻找主人的旅程。

一路上走来，狰都未曾看到烛龙的踪迹，这让它很是焦急。

这天它来到了一个小乡村，村中弥漫着一股黑气，想来是有邪祟在此危害百姓。出于在钟山时养成的帮助烛龙清扫卫生的习惯，狰的眼中简直容不下半点邪祟。

于是它就自发来到了邪祟的所在之地，那间屋子房门紧闭，黑气萦绕左右，给人的感觉十分不舒服。

村民看到狰可怕的样子，都躲得远远的，生怕它一个不高兴就将他们全都吃了。

狰不过几下便将邪祟之气驱逐干净，村子上空压抑的气息一下子消失了，恢复了原有的生机。这时人们才明白狰是在帮助他们驱逐不干净的东西，这下完全不害怕了，还将狰看作上天的使者，进行跪拜感谢。

狰之前当了恶兽那么多年，还是第一次受到人类的感谢，有些不自在地离开，继续寻找烛龙的身影。

结果许多年下来，烛龙的踪迹没找到，但是狰在民间一看到邪祟就忍不住主动去帮人家驱除的习惯却保留了下来。

就这样，狰的一个无心的习惯，被人们口口相传。狰也就成为人们口中的瑞兽，能够辟邪，保佑家宅平安。

38 三脚牛

獂（huán）

分类：异兽类
地域：乾山
外貌：身形似牛，三只脚
特点：身形奇特

《山海经·北山经》中有"（乾山）有兽焉，其状如牛而三足，其名曰獂，其鸣自詨"的说法。

相传在饶山以北四百里处，有一座乾山，山上有一种野兽，它的身形看上去和普通的牛没有什么差别，但是这种野兽只有三只脚，这就是传说中的獂。獂的吼叫声就像是在呼唤自己的名字一样。

古代有一个非常富有的国家，皇帝早年勤于执政，兢兢业业在位几十年，没有丝毫的懈怠，将整个国家打理得井井有条，百姓安居乐业，朝堂上下一心。但是到了晚年的时候，皇帝就开始沉迷吃喝玩乐了。

大臣们屡次进谏劝说都不管用，皇帝甚至会责罚他们，渐渐地议论的声音就小了。

直到有一天，有人告发他的皇太孙，说皇太孙在私底下议论皇上荒淫无度、荒废政事。

皇帝听闻之后，勃然大怒，于是下令让皇太孙自缢。另外和皇太孙一起议论这件事情的人，还有一些王公大臣的公子，皇帝也下令赐死了。

纵然皇帝心狠手辣，但毕竟年纪大了，发生了这种事难免有些伤感，因此就想弄出一些喜事，冲一冲晦气。

正好这个时候，下面有人献上了一头只有三只脚的牛。

"皇上，这就是传说中的獬。"

这种奇特的野兽当时就引起了众人的好奇，立刻有人奉承道："此乃祥瑞啊！臣觉得应当大肆庆祝一番！"

皇帝很是高兴，正准备同意，这时一旁的御史跳了出来，非常扫兴地说："世间万物事出反常必有妖，这必定是凶兆。这牛只有三只脚，说明朝堂之上的三公不得其人，绝对不是祥瑞之兆啊！"

这话一出，皇帝顿时也觉得有点不太吉利，于是这件事就没有再庆祝了，而被人献上来的獬也不知去向了。

39 人眼猪耳的四角野牛

诸怀

分类：异兽类
地域：北岳山
外貌：身形似野牛，头上四只角，人眼、猪耳
特点：用角顶撞人类，食人肉

《山海经·北山经》中有"（北岳之山）有兽焉，其状如牛，而四角、人目、彘耳，其名曰诸怀，其音如鸣雁，是食人"的说法。

北岳山是北方第一列山系的第二十座山，山上有很多枳、棘等刺木和檀、柘等硬木。山林的深处有一种野兽，它的身体像野牛，头上长着四只角，有着和人一样的眼睛和猪一样的耳朵，看起来非常怪异。人们在山上看到这种野兽之后给它起名为"诸怀"。

诸怀虽然形似野牛，但是它叫起来如大雁般发出"嘎——嘎——"的声音。这种野兽十分凶猛，经常用自己的四只角顶撞人类，然后再将人类的尸体吃掉，因此人们都很怕它。

相传，当年临近北岳山的村庄的人都靠贩卖木材为生，经常去山上寻找合适的木材。并且水的发源地也在这里，人们也不时会来这里捕鱼、洗衣。

最初，人们并没有发现山上有诸怀这种野兽，因此经常三两个人就一起上山，甚至有时候妇女和小孩子也随意去北岳山上游玩。

直到有一天，几名小孩子上北岳山上玩耍，天都黑了还是没有回到家里，家中的大人们着急不已。

村民们纷纷热情地出来帮忙，于是大家就决定一起去北岳山上寻找他们。

天色已晚，所以大家三五成群，带着灯笼、火把相继进入了北岳山，不停地呼喊孩子的名字。

村民的呼喊声在山林之中不断回荡，却始终不见有孩子回应。

"天哪，这不是我家小毛的衣服吗？"忽然一个孩子的母亲发出一声惊呼。

周边的人霎时间围了过去，在灯火的照耀下，一堆破碎的布料凌乱地撒在地上，上面隐约可以看到猩红的血迹。

"这是小虎的长命锁……"又一个孩子的物品被家人找到。

这些七零八落的物件让众人有了不好的预感，孩子父母悲伤的哭泣声沉甸甸地压在每一个人身上。

"嘎——嘎——"身后的丛林中传来"大雁"的声音。

"这个时节怎么会有大雁存在？"这是所有人的疑问。然而下一秒就从丛林中蹿出了一头形似野牛的野兽来。

距离它最近的人还没有反应过来，就已经被顶翻在地了。这时众人才发现，原来大雁的声音是这头野兽发出来的。

被顶翻在地的人一下子就被夺去了生命，然后被诸怀几口吞进肚中，只留下带血迹的衣服。一个大活人不到一会儿的工夫就被野兽吃掉，这样的血腥场面让所有人骇然。

"我要为我家小虎报仇！"一名男子红着眼睛冲了上去，其他人想起孩子的悲惨遭遇和刚刚失去性命的伙伴，一时间群情激愤，都拿着棍棒锄头冲了上去。

一番争斗下来，虽然村民有所受伤，但好在最后也杀死了诸怀。

此后，大家再来北岳山，都会集结一群人，以免再遇上诸怀，发生悲剧。

力大无穷的人熊

分类： 异兽类
地域： 嶓冢山、崍差山、鬲山等
外貌： 身形似熊，脖子长，全身黄白毛
特点： 凶猛好斗，看到人会穷追猛扑

《山海经·西山经》《山海经·中山经》中有"其上多桃枝钩端，兽多犀、兕、熊、罴，鸟多白翰、赤鹫"以及"其兽多犀象熊罴，多猿、蜼"等说法。

古代传说中有一种叫作罴的野兽，它们生活在很多山林之中，比如嶓冢山、崍差山、鬲山等都有它们的踪迹。

罴的身形和熊很像，但是姿态与五官和人类相似，所以人们常称它为"人熊"。罴的脖子比较长，全身上下长满了黄白色的毛发，后腿也比一般的熊要高。罴可是个大力士，力大无穷，它能够将一棵一人粗细的参天大树直接连根拔起，由此可见它的力气之大。

罴平时掠取牛马作为食物，个性非常凶猛好斗。相传当年黄帝与炎帝对战的时候，就曾经让罴作为先锋部队，冲锋陷阵。

罴性猛力强，对人类不是很友好，它们看到人后，如果人站立着，它就会穷追猛扑。

传言古时候，嶓冢山上有很多动物，人们经常会上山打猎，丰富自己的伙食。

梁实刚刚成年，开始跟随着父亲进山打猎。天还没亮他们就带着母亲准备好的吃食上路了。

一路上父亲给梁实讲了很多关于打猎的常识和经验，两人一边走一边聊天，很快就到了山上。

梁实看着父亲熟练地布置陷阱，心中很是羡慕。但是因为年纪还小，很快注意力就被分散了。

正当他东张西望的时候，正好看见了一个站着的"人"。

"你也是来打猎的吗？"还不等他问完，就见那"人"一下子从草丛中蹿了出来，这哪里是人，明明是头熊！

罴嘶吼着冲了过来，梁实吓得傻在了原地。危急时刻，一股力量将他按倒在地上。

原来是父亲在关键时刻冲了过来，扑在了他身上，两个人一起趴在地上。

罴停下脚步，四处张望了一会儿，慢慢来到了他们身边。

梁实吓得屏住呼吸，大气都不敢出。

正好前方出现了一匹野马，罴一下子拱起身子，追逐野马而去。它一个猛扑将野马扑在身下，一口咬开了野马的脖子。

这凶残的场面，让梁实忍不住闭上了眼睛不敢再看。

过了好一会儿，四周安静下来，梁实才敢睁开眼睛。父亲拉起他，告诉他："这个野兽叫作罴，一遇到人，尤其是站立的人，它就会穷追不舍，不小心就会被伤到。"

"那怎么办才能躲避它呢？"想起刚才的一幕，梁实心有余悸。

"自然最好是绕道而行，或者趴下。"梁实点点头，将这些牢记在心中。

此后，即使是梁实自己可以独立打猎的时候，也会尽量绕开罴行动。

41 一眼一角的山羊
𪊧(dòng)𪊧

分类： 异兽类
地域： 泰戏山
外貌： 身形似家羊，一眼、一角
特点： 出现在民间会带来丰收，出现在宫廷会引发祸乱

> 《山海经·北山经》中有"又北三百里，曰泰戏之山，无草木，多金玉。有兽焉，其状如羊，一角一目，目在耳后，其名曰𪊧𪊧，其鸣自訆"的说法。

在古代的泰戏山上，寸草不生，十分荒凉，山上蕴藏着丰富的金属物质和玉石。而在山中的深处有一种长相怪异的野兽，它的外形和一般家养的羊一样，却只有一只眼睛和一只角，而且这只眼睛还长在耳朵的后面，经常发出"洞洞"的声音，因此人们就将它的叫声作为它的名字，起名为𪊧𪊧。

传说中，𪊧𪊧是一种吉祥的野兽，每当它出现，当年农民的收成就会非常好，因此人们都非常喜欢它。但这吉祥的𪊧𪊧到了宫廷之中，却很不受欢迎，因为它一旦出现在皇宫之中就会引发祸乱。

相传当年的九州国，连续三年大旱，庄稼全部都旱死了，一点收成都没有，人们已经饥饿到开始啃树皮吃了。

就在这时，从泰戏山上下来了一种会发出"洞洞"叫声的野兽，它的长相怪异，人们看到的时候还被吓了一大跳。

随着它的出现，三年没下过雨的九州国，居然降下了雨水。万物开始复苏，庄稼也开始长出了新芽。人们看着这神奇的景象一下子心

中充满了对未来的期望。

这一年，风调雨顺，农作物疯狂生长，粮食产量惊人，完全扭转了之前灾荒的局面，人们逐渐过上了富足的生活。

大家把这一切的转变都归功于这个会发出"洞洞"叫声的野兽，于是给它起名辣辣，将它视为吉祥的象征。

辣辣祥瑞之兽的名声广为流传，引起了统治者的注意。皇帝命人将辣辣带到皇宫里来供养，这样皇宫的气运肯定就会更好了。

于是辣辣就这样住进了很多人梦寐以求的皇宫之中，由专门的人饲养。

但不知为何，明明是祥瑞的辣辣，进入皇宫之后，皇宫内就频频发生事故，先是有皇子无故溺亡，再是后妃流产，最后甚至是皇帝的弟弟要起兵造反。

王爷将整个皇宫团团围住，带领着手下的叛军直逼皇帝所在。王爷造反很突然，好在皇宫的御前侍卫们奋力保护皇帝，才保住了皇帝的性命，等到外面的援兵来救驾。

一场祸乱终结，无数的大臣、宫人、侍卫、将领牵涉其中，最后被处斩。

皇帝冷静下来，仔细回想，发现所有的祸乱都是在辣辣进宫之后发生的，顿时冷汗直流。

这哪里是祥瑞之兽，简直就是凶兆之兽啊！

于是，皇帝赶忙让侍卫将辣辣送出了皇宫。在它离开之后，皇宫就再也没有出现过祸乱，这无疑让皇帝更加确信了自己的判断。

自此，民间关于辣辣的传说留下两种说法：有人说它是吉祥的象征，可以带来丰收；而有的人则说，它是凶兆的象征，会带来祸患。

下篇

入水神兽

能呼风唤雨的鱼

分类：鱼类
地域：孟子山
外貌：白色肚子，头、身、尾鳍呈青灰色，嘴长如剑
特点：拥有呼风唤雨的能力

《山海经·东山经》有载："（孟子之山）其上有水出焉，名曰碧阳，其中多鳣鲔。"其中，鲔就是白鲟，它的味道鲜美，古人取来食用，也用它献祭。

白鲟是中国长江中一种特有的鱼类，属于极为古老的鱼种。它的腹部呈白色，头部、体背部和尾鳍呈青灰色，长嘴突出如剑。最长的白鲟身长可达七米，体重可以达到五百公斤，是名副其实的淡水鱼之王。

上古时期，长江流域有一个小渔村，渔村的人们每天靠打鱼为生。长江里的鱼儿十分肥美，因此附近的百姓生活也过得很安逸。

然而，有一天，一个渔夫打鱼的时候，捞上来一条长四五米的大鱼。这种鱼全身都是青灰色，只有腹部是白色的。最奇特的是，它长着长长的嘴巴，十分锋利。渔夫得到了它，心中欣喜，想着家中能够因此饱餐好几天。

于是，渔夫便把这条鱼带回家中，兴奋地给妻儿看。妻子见了，便和渔夫商议，杀掉这条鱼，然后请周围的百姓一起喝鱼汤。

到了傍晚，渔夫请周围的百姓都来到他家。之后，渔夫和几个年轻力壮的青年拿着刀，打算一起宰杀这条鱼。不料，他们刚举起刀，

天空突然响起一声惊雷，随即刮起一阵大风。

百姓见了，都觉得事情有蹊跷，有的人便开始劝渔夫放弃宰杀这条鱼。渔夫见百姓都在家中等着喝鱼汤，如果此时放弃，他在渔村岂不成了笑话。于是，他故作镇定地说道："大家放心，这只是恰逢天气不好而已，正好待会儿可以喝鱼汤暖暖身子。"

说完，渔夫和几个青年挥刀杀了这条鱼。顿时，血飞溅了出来，这条鱼挣扎着蹦了几下，断了气。这时，风刮得越来越大，不一会儿，一场大雨倾盆而下。百姓为了躲雨，四处逃散。

渔夫心中害怕，想着这条鱼莫非是条神鱼。正在他出神之际，雨下得越来越大，长江也因此翻起滔天巨浪。百姓见水浪不断逼近村庄，惊恐不已，赶紧带着家人们向远处逃离。

渔夫的家距离江边最近，他和妻儿抱着这条大鱼刚走出家门两步，家就被巨浪拍翻。渔夫这时才知道这条鱼来历不寻常，这场大雨就是大鱼在惩罚他。

因此，渔夫立刻把这条大鱼放进江水之中。神奇的是，他刚把大鱼放进去，死去的大鱼竟然复活了，一眨眼的工夫就游进了江水深处。此后，渔村的百姓再也不敢轻易冒犯这种鱼，认为它有灵性，是一种神鱼。

后来，这种鱼被人们称为白鲟，人们认为白鲟是呼风唤雨的水怪，杀死白鲟会导致天气异常。

鱼身鸟翅的鱼

文鳐（yáo）鱼

分类： 鱼类
地域： 泰器山
外貌： 身形似鲤鱼，长着鸟翅膀，浑身苍色花纹，白头红嘴
特点： 出现会带来天下丰收，食其肉可治癫狂病

> 《山海经·西山经》有载："又西百八十里，曰泰器之山。观水出焉，西流注于流沙。是多文鳐鱼，状如鲤鱼，鱼身而鸟翼，苍文而白首赤喙，常行西海，游于东海，以夜飞。其音如鸾鸡，其味酸甘，食之已狂，见则天下大穰。"

　　文鳐鱼，传说中的鱼名，又叫作燕鳐鱼、飞鱼。它的身体像鲤鱼，却长着鸟的翅膀，经常会在夜间飞行。在神话故事中，它具有吉祥的预兆，据说有人见到它，天下就会丰收，因此人们又将它奉为神鱼。

　　上古时期，在歙州有一座山叫作赤岭，赤岭下有一条大溪。相传，大禹治水时，为了阻挡洪水，在这条溪中修建了一座像山岭一样的大坝。

　　一天，附近村庄的一个青年下山打猎，觉得口渴，就到这条溪旁饮水。他蹲下身子，用双手从溪水中捧了一口水。溪水波动之际，青年看到一条长着翅膀的鱼跃出水面，刹那间又游回溪水中，不见踪影。

　　青年深感奇特，他还没有见过长着翅膀的鱼。为了一探究竟，他就坐在溪边用小石子敲打水面，希望再看到这种鱼。不一会儿，两条鱼真的浮出了水面。青年见它们都和之前见到的那条鱼一样，长着鸟的翅膀。青年欣喜，想要抓一条给村民看。但是，这种鱼游得极快，青年抓了一下午也没抓到。

青年没有办法,只好先回村里。他把这件事情告诉村民,村民都笑他看花了眼。青年为了证实自己所说的,连夜带着几个村民去了溪水边。

他们一到溪水边,只见好多条长着翅膀的鱼跃出水面,然后一个个猛地向大坝跃去。有的鱼飞过大坝不见踪影,有的鱼飞不过去,就落到溪水里面,再次蓄势,准备飞跃大坝。

村民见此景象,都惊呆了。他们立刻回去,把这件事情告诉了其他村民。村民觉得这种鱼不同寻常,食用肯定对身体有益。然后,他们就想了一个绝妙的方法来捉这种鱼。

他们在大坝上面绑上了一张大网,等着鱼儿夜晚飞跃大坝时捕捉它。半夜时分,鱼儿们果然从水中跃出,挥动着翅膀飞跃大坝。此时天色黑暗,鱼儿的视力也不好,它们并没有发现大坝上的网。当它们飞跃大坝的时候,很多都被村民设下的网拦住了。

村民趁机捕捉了很多鱼,然后把它们各自带回了家中。神奇的是,一个患了癫狂病的人吃了这种鱼,病居然好了,变成了正常人。其他村民吃了这种鱼之后,也觉得身体更加健壮了。

此后,村民们将这种鱼称为"文鳐鱼",并当作神鱼供奉,不允许村民随意捕捉它们。传说,这种鱼飞跃大坝之后,会变成神鸟,庇佑着人类,并使天下丰收。

长翅膀的怪鱼

分类：鱼类
地域：邽山
外貌：身形似鲤鱼，长着鸟翅膀
特点：出现会带来水灾

《山海经·西山经》原文有"蒙水出焉，南流注于洋水，其中多黄贝，蠃鱼，鱼身而鸟翼，音如鸳鸯，见则其邑大水"的说法。

从前有座山叫邽山，蒙水从这里发源，向南一直流入洋水。蒙水不仅盛产黄贝，还产一种奇怪的鱼——蠃鱼。它的身体跟鱼一样，却长着鸟的翅膀，并且叫声像鸳鸯，据说它出现在哪里，哪里就会发大水。

有一年夏天，太阳好像发了疯，拼命向大地倾泻自己的"热情"。一天两天还好，连续二十多天一滴雨都没下，每天都是烈日炎炎，导致整个大地都干裂了，树木也无精打采的，人们喝水都已经成为一个问题。

看着仅剩的一点水，泉陷入了沉思，他想起了父亲的话："泉，你要记得你的责任就是保证附近的人有水喝。"

泉很焦急，最多还有一天水就没了，自己应该怎么办呢？突然他想起父亲以前给他讲过的蠃鱼的故事，如果他能找到蠃鱼，那么就能解决当前的问题，就能完成父亲交给自己的任务。如果找不到蠃鱼，并且在泉水干涸之前也没能及时赶回来，自己就会灰飞烟灭。虽然很危险，但是他不能眼睁睁地看着大家渴死，于是他决定冒险去寻找

赢鱼。

等天黑以后,泉就幻化成一个绿色的小人,开始向邦山飞奔。一路疾奔,累了都不敢歇一下,终于到了蒙水,他没来得及喘一口气就顺着蒙水一直往南找。他边找边呼唤赢鱼,喊得嗓子都哑了,也没看到赢鱼,这时夜已经过去了大半,自己所剩的时间已经不多了,泉知道太阳一出来自己如果来不及回去就会灰飞烟灭。

泉加快了速度,但是蒙水里一片寂静,平时那么多的鱼虾,现在却一只都没看到,就连水草都躲起来了。泉一直找到水的尽头也没找到赢鱼,于是就坐在岸边伤心地哭了起来。就在泉哭得喘不上气来的时候,突然听到有人问他:"你为什么哭啊?"这声音很悦耳,就像鸳鸯的叫声那么动听。

泉抬起头来,看到一只挥着翅膀的鱼儿。"你就是赢鱼吧?"泉惊喜地问道。

看到那奇怪的鱼点头确认后,泉开心极了,急忙将自己的来意告诉了赢鱼,并恳请它去救救大家。

赢鱼很激动,它说:"我一直以为自己就是一个'灾星',因为只要出现就会给大家带去大水,没想到我也能给大家带来福气,我们不要再耽误时间了,快走吧。"

泉带着赢鱼一路疾奔,沿途便有了大水。大水滋润着干旱已久的大地,滋润着已经枯萎的小草,滋润着没有精神的树木,于是山也绿了,河也满了,人也笑了,泉又成了一汪清澈碧绿的泉水。

叫声像猪的鱼

鳙鳙鱼

分类：鱼类
地域：樕𧈮（sù zhū）山
外貌：身形似犁牛
特点：喜好睡觉，受惊动后会发出很大的声音

《山海经·东山经》中有"东山之首，曰樕𧈮之山，北临乾昧。食水出焉，而东北流注于海。其中多鳙鳙之鱼，其状如犁牛，其音如彘鸣"的说法。

樕𧈮山是东方第一列山系的第一座山，食水就发源于此，然后向东北流入大海。太昊带着一些人住在食水河两岸。

有一年的春天来得特别晚，等大地都解冻后，大家储备的粮食都快吃完了，树叶还没长出，小草也还没发芽，地里的庄稼离成熟还远，这段时间大家要以什么为生呢？

作为太昊部落的首领，太昊很着急，于是就将大家召集在一起想办法。有人提议说要多去森林里打猎，太昊说："现在山里的野兽都越来越少了，这主要是因为我们之前捕获太多。如果我们今年春天再大量捕杀，可能我们的后代就没有野兽可捕了，要知道春天正好是野兽交配的季节，我们只能捕获一点点，大家还是想想别的办法吧。"

另一个人问道："你们看森林里有野兽，天上有飞鸟，土地里有树木庄稼，那么水里是不是也有能吃的呢？"

有个人反驳道："就是食水河里有吃的，我们也没有办法捕到。我们不能去，太危险了，你忘记丘他们是怎么死的了吗？"

另一个人建议道:"如果我们找不到吃的也会饿死,反正都是死,还不如去看看,或许还有一线生机,我们大家一起去,这样就不怕了。"

最后绝大多数人都赞同去食水河看看,于是太昊就带着大家一起跑到食水河边。现在食水河上面的冰已经融化,跟夏天比河也"温柔"很多,黑黝黝的,深不见底,当然也没看见里面有什么。

太昊建议大家沿着食水河一直往下走,看看河水会不会变浅点。一连走了好多天,也没看到河水变浅。有一天,大家正在河边吃饭的时候,忽然听到一声猪叫,好像是从河里发出来的。难道河里有猪?正当大家疑惑不解的时候,突然看到一头长得像犁牛、带着鱼尾巴的动物跃出水面,它体形庞大,一边跳跃,一边发出猪的叫声。

"看来水里真的有吃的!"一个人兴奋地叫道。

"哇,这么大一头,捉住一头能吃好多天吧?"一个人舔舔嘴唇道。

"是啊,如果能想办法捉住,我们以后就不会再挨饿了,"太昊说,"但是怎么捉住这个大东西呢?"说完,他一抬头,正好看到旁边的树上有个蜘蛛正在结网捕食,太昊心里一动,马上想到可以编一个这样的网来捕获那个怪鱼。

太昊让大家把绳子拿来,按照蜘蛛网那样将绳子织成了一张大网,然后将网撒向刚才怪鱼落下的地方,没想到竟然真的将那条怪鱼捞了上来。从此以后,初春粮食不够的时候,大家就跑到食水河捕鱼去。

太昊所捕的怪鱼就是鳙鳙鱼。

46 一头十身的怪鱼 茈（zǐ）鱼

分类：鱼类
地域：东始山
外貌：身形似鲫鱼，一个脑袋、十个身子
功效：食其肉可使人不放屁

《山海经·东山经》中有"泚水出焉，而东北流注于海，其中多美贝，多茈鱼，其状如鲋，一首而十身，其臭如蘪（mí）芜，食之不糟（pì）"的说法。

古代的东始山上，有很多青绿色的玉石，这里是泚水的发源地。泚水之中有很多美丽的贝，还有很多茈鱼。

茈鱼是泚水中最常见的鱼类，它看起来和普通的鲫鱼一样，却长着一个脑袋和十个身子，非常怪异。茈鱼的气味和蘪芜草相似，古人认为吃了茈鱼的肉就可以不放屁。这种奇异的功能到底是怎么传出来的呢？

相传当年有这样一位秀才，他饱读诗书，才高八斗，十分有文采，经过一番寒窗苦读之后，终于充满信心地去参加科举考试了。

不管是在考试的路上，还是考试的过程中都非常顺利，考试结束，他就在家中静静等待放榜。

几日之后，考试结果出来了，报喜的人上门向他报喜："恭喜公子成为前三，五日之后还有最后一轮殿试，提前预祝公子高中！"

秀才和家人都非常高兴，连忙将准备好的赏钱递给他。

家人围着秀才，纷纷恭喜他。

但是秀才自己的面色有点不好。他有一个毛病，那就是一紧张就爱放屁，一个接着一个。这要是面见皇上的时候，他一紧张，连着放屁，御前失仪，那岂不是官职没拿到，反倒丢了性命？这可把他愁坏了。

他将自己的顾虑告诉了父亲，父亲赶忙派人去请大夫。

可大夫也没有办法，"这是心情紧张，导致肠胃不消化，出现胀气的毛病，只要放松心情即可，无须用药。"

送走了大夫，父子二人大眼瞪小眼，不知如何是好。难道五天后的殿试不去了吗？

一个下人提起自己曾听闻有这样一种茈鱼，一个头十个身子，吃了它的肉，就可以不放屁。

父子二人仿佛看到了希望，连忙派人去打听。果然有这种鱼，就在东始山上，于是赶忙带人去那边找茈鱼。

他们在泚水边静静等待，眼看着有一条茈鱼游了过来。所有人都屏息，生怕吓跑了它，秀才也是一样，结果他一紧张，连着放了好几个屁，将茈鱼吓跑了，气得父亲将他赶离了河边。

经过两天的努力，他们终于钓到了茈鱼。回到家给秀才炖了吃，吃完就到日子去殿试了。

面见皇帝的时候，秀才紧张极了，但是因为吃了茈鱼没有放屁。他因出众的文采被皇帝选为状元。

直到几十年后，秀才已经成为大官，见过了各种大场面，他再也不会紧张得想放屁了，这才将当年吃茈鱼的事情说出来。

就这样，吃了茈鱼可以使人不放屁的传闻才在民间流传下来。

47 声如狗叫的怪鱼

何罗鱼

分类： 鱼类
地域： 谯（qiáo）明山
外貌： 一个脑袋、十个身子
功效： 食其肉可治疗痈肿

> 《山海经·北山经》中有"其中多何罗之鱼，一首而十身，其音如吠犬，食之已痈"的说法。

在谯明山上的谯水中有这样一种鱼，它和毗鱼很像，也是一个脑袋、十个身子，但是它的叫声像狗叫一样。这就是传说中的何罗鱼。

也有人说何罗鱼并非真的有十个身子，只是平时它们喜欢头和头扎堆聚集在一起，所以人们乍一看，就真的以为何罗鱼是长着一个脑袋十个身子。传说何罗鱼的肉可以用来治疗痈肿这种疾病。

相传古代的时候，在谯明山山脚下有一个小村子，村中的人们都生活得非常安逸。

但是在这个村子中有一个不可言说的秘密，那就是村中的村民一上了年纪就很容易得一种叫作痈肿的疾病。

得了痈肿之后除了会有剧烈的疼痛之外，还会非常惧怕寒冷、食欲不振等，非常痛苦。每个人的症状都不一样，但是得了病的老人都会在几个月内逐渐死亡。

这个发现让很多人，尤其是已经人到中年的村民非常恐慌，很害怕自己也会步这些老人的后尘。

李季就是这个村的村民，不过他很小就离开了这个村子，在外面

跟随自己的师父学习医术。他出师之后就开始四处游历，一面治病一面体验生活，快到晚年的时候才回到这个自己出生的地方。

他回来的时候是家族中的侄子来接他的，正巧碰上一队送葬的队伍。

侄子带着他避让，叹气："叔叔别见怪，这已经是这个月第四个得痈肿去世的老人了。咱们村中的老年人大部分都有这个毛病，唉……"

李季心中疑惑不解，有这么严重吗？

等到他回到家族中，看着身边也有得这个病的人，才意识到问题的严重性，连忙给族人号脉。

"原来叔叔会医术，那可真是太好了，我们有救了！"

李季不敢托大，一连开了几服药，族人的病丝毫没有起色。族人反倒安慰他："无妨，你不要太给自己压力，我已经认命了。"

李季看着族人痛苦的模样，心中十分痛楚，回到房间后就开始翻阅医书。

经过几天几夜不眠不休的查找，他终于找到了一种名叫何罗鱼的怪鱼，这种鱼能治疗痈肿，而且就生活在村子的附近。

第二天一早，李季就带着人去钓何罗鱼，带回来之后，马上给族人食用了，后来族人的痈肿果真好了。

于是他连忙让人将治疗痈肿的方法告诉其他村民。村民在吃了何罗鱼之后也都慢慢好转了，他们没想到困扰了整个村子几十年的痈肿就这样痊愈了，良药竟然就在自己的身边。

村民为了感谢李季做出的贡献，还特地给他修了一座祠堂。由此关于何罗鱼的传言就这样传了下去。

48 治疗肉瘤的良药

分类：鱼类
地域：求如山
外貌：身体为红色长圆筒状，无鳞片，头尖且圆，有尖锐牙齿
功效：食其肉可治疗赘疣病

> 《山海经·北山经》中有"其中多滑鱼。其状如鳝（shàn），赤背，其音如梧，食之已疣"的说法。

求如山上有滑水，滑水之中有一种滑鱼，这种鱼身躯呈现长圆筒状，鱼身没有鳞片，十分光滑，多为红色，鱼尾比较扁平。头部尖且圆，口裂大，舌头又长又黑。滑鱼有着尖锐的牙齿，一般集中在口腔前部，牙齿上有绿光且有剧毒。

滑鱼的声音很是奇特，就像是人支支吾吾的声音。传说中，滑鱼的肉可以治疗人的赘疣病。

古时候，有一位姑娘，她貌美如花，但是一直到十八岁都没能嫁出去，这全是因为在她那张漂亮的脸蛋左边长了一个肉瘤，看起来有些恐怖。

这也使得每次一有人看到她，光看右脸的时候非常心动，但一旦姑娘转过身来，就都会被吓跑。

经历过很多次这样的事情之后，姑娘就有些心灰意懒了，平日里出门也会戴着面纱。

有一天，她在河边洗衣服，只听见后面"扑通"一声，转头看过

去的时候，一道白色的身影正在河水里扑腾。

"救命——救救我！"

姑娘犹豫了一下，转身跳下河中救人。幸好她的水性比较好，不用几下便游到了男子身边，将他救上了岸。

男子缓缓转醒，看到浑身湿漉漉的姑娘，连声道谢。

"公子不必客气。"姑娘摇摇头，被水打湿的面纱黏在脸上，让她有些不自在，她不想再面对别人嫌弃怪异的目光了。

"公子既然无事，那我就先走了。"姑娘说完，就拿起河边的衣服离开了，只留下男子一人。

几天后，姑娘再次来到河边，却发现那天落水的男子正在河边坐着。

男子将身上带着的钱递给姑娘："之前多谢姑娘救命之恩，无以为报，只有这些钱财，希望姑娘不要介意。"

姑娘摇摇头，没有要，只是说若是真的感谢她就多来和她聊聊天吧。

男子同意了，之后的日子两个人经常在一起聊天，男子渐渐为姑娘的见识所折服，对她十分爱慕。

虽然姑娘也很喜欢男子，但是她始终担心男子会因为她脸上的肉瘤离她而去，害怕受伤的她拒绝了男子的求爱。男子十分不解，经过多番打听才明白了姑娘的顾虑，他连忙表示自己并不在意，为了表达自己的诚意，他经常在河边帮姑娘烤鱼吃。

滑水中的鱼只有一种，味道不好，所以极少有人捉来吃。男子不知，姑娘也不想辜负他的一番好意，所以就吃下去了。

渐渐地，姑娘发现她脸上的肉瘤慢慢变小，直到有一天完全不见了，便赶忙来到河边与男子相见。男子非常意外，这才明白是滑鱼的奇效。滑鱼可以治愈赘疣病，但人们因为滑鱼味道不好，几乎没人来捕捞，所以它的奇效就一直没被发现。

49 嘴巴像针一样的怪鱼

箴(zhēn)鱼

分类：鱼类
地域：枸状山
外貌：身体为细长圆柱形，淡蓝色，嘴突出如针
功效：食其肉可预防瘟疫等疾病

《山海经·东山经》中有"其中多箴鱼，其状如鯈，其喙如箴，食之无疫疾"的说法。

古代的枸状山非常高，直上云霄，山上金玉铺地，并且还有很多的碧玉。治水从这座山的山谷之中发源，最终向北注入湖水之中。

在治水之中有一种鱼，它的身体细长，呈圆柱形，身体的颜色为很漂亮的淡蓝色。这种鱼的嘴向外突出，看起来就像一根针一样，因此人们为它取名为箴鱼，有时候也称针鱼。

箴鱼主要生活在前海、河口，还有淡水之中，它的跳跃能力很好，经常跃出水面，尤其是在捕食过程中，箴鱼会先跃出水面，然后再从上往下发动攻击。当箴鱼遇到捕食者的时候，也会利用自己这一优势，跳出水面躲避追杀。因为箴鱼跃出水面的这段时间，还会利用尾巴行走，让还在追击的捕食者误认为它消失了，换句话说，它直接"隐身"躲避了追杀。

箴鱼之所以会有这样像针一样的嘴巴，还要从很久以前说起。

相传在商朝末年的时候，足智多谋的姜子牙准备投靠周文王，但是此时的他已经年过半百，年纪大又和周文王没有任何的交情，他觉得自己很难在人群中脱颖而出，获得周文王的赏识。

既然如此,他就决定另辟蹊径,吸引周文王的注意力。

于是乎,姜子牙就在周文王回都城的途中做好了准备。他来到河边,在线上吊了一根针,打算利用这根针来钓鱼。

周边的人认为他傻了,没有鱼食,单凭一根针如何能钓得上来鱼呢?

姜子牙对这些声音不予理会,只专注于钓鱼之事。但是奇特的事情发生了,即使他没有用任何的鱼饵、鱼钩,还是钓到了很多鱼。这让围观的人惊奇不已。

此时正好周文王的车队路过这里,发现人们议论纷纷,便派人去打探。听说姜子牙仅用针就钓到很多鱼,顿时很感兴趣,于是周文王就决定亲自下车去看看。

他在人群中看了一会儿,便觉得姜子牙真是个奇人,如果能招到自己的麾下,定能帮助他成就一番大事业。

周文王上前主动与姜子牙攀谈,两人谈着谈着,随着话题的深入,周文王越发觉得他是个有用之才,一时间求贤如渴,询问他是否愿意追随自己,共谋大业。姜子牙求之不得。

后来在姜子牙的帮助下,周文王和他的儿子推翻了商纣王的残暴统治,建立了周朝。

而当年姜子牙钓鱼时留下的针就留在了鱼的嘴上,由此簓鱼渐渐被人们熟知。

此外在传说中,簓鱼的肉和它的来历一样也非常有名,人们都说吃了它的肉,可以预防瘟疫等传染病。

能飞又像牛的鱼

鲜(lù)鱼

分类： 水怪类
地域： 柢山
外貌： 牛头，鱼身，蛇尾，肋骨下有翅膀
功效： 食其肉可防治肿瘤和毒疮

《山海经·南山经》中有"又东三百里，曰柢山，多水，无草木。有鱼焉，其状如牛，陵居，蛇尾有翼，其羽在鮭（xié）下，其音如留牛，其名曰鲜，冬死而夏生，食之无肿疾"的说法。

古代有这样一座神奇的山叫作柢山，这座山上寸草不生，是典型的不毛之地。柢山内有很多河流，水势奇特，深不见底。整座山中唯一的怪兽就是一种名叫鲜鱼的鱼类。

鲜鱼生活在高陵之上，身形奇特，像是多种动物组合而成的怪物，这么说是因为鲜鱼长着牛的头、鱼的身体、蛇的尾巴，而且在肋骨下面还长了一对翅膀。这样奇特的组合就使得鲜鱼不但能在天空中飞翔，在陆地上爬行，还能够在水中游泳。

也大概就是因为它长着牛的头，所以鲜鱼的叫声好像牦牛一样。并且鲜鱼还有像蛇一样冬眠的习惯。在传说中，鲜鱼可以用来防治肿瘤和毒疮。

古时候，医疗水平落后，导致一些人深受肿瘤、毒疮等疾病的困扰。

程兴就是毒疮的受害者，每当毒疮发作的时候，不仅疼痛难忍，还奇痒异常，他恨不得用头撞墙，让自己晕过去。

这天，程兴像往常一样去田中劳作，但是被人在后面打了一棍子，眼前一黑，失去了意识。

等到他再醒过来的时候，天已经黑了，借着月色，他小心打量着周围。四周一点花草树木都没有，只能听到潺潺的流水声，这里好像是柢山。

程兴想着肯定是死对头报复他，才会这样暗算他，等他回去一定要找他算账。

就在他暗自放松的时候，不远处的河流中传来一个声音，听起来像是牛叫一样，顿时吓得他一激灵，这里怎么会有牛呢？

紧接着他就看到一个身影从水中飞跃而出，在天空中飞行。

"天哪！"程兴尖叫出声，这是一条彻头彻尾的怪鱼。他正想起来跑，但是毒疮发作了，他痛苦得在地上打滚。

鲢鱼听到声音，竟然改变了方向直冲着他飞来。程兴感觉自己的身体像是被刀子切割一样疼，意识都有些涣散了。在他失去意识的前一秒，他看到那条鲢鱼钻进了他的嘴里。

第二天，天色大亮，上山的人看到程兴躺在地上，连忙将他唤醒。

"你怎么在这里？"

程兴迷迷糊糊睁开眼，只觉得浑身舒畅，他只记得昏迷之前有什么怪鱼钻进了他的嘴里，进到了他的身体里。他瞬间清醒，坐了

起来。

"呕——"程兴觉得恶心，干呕了半天，却发现自己胳膊上的毒疮已经不见了，扒开衣服一看，身上的毒疮也不见了踪影，他的病好了。

他将这件事告诉了别人，一时间鲢鱼遭到了人们的捕杀，最终销声匿迹。

蛇首六脚鱼

冉遗鱼

分类：鱼类
地域：英鞮（dī）山
外貌：鱼身，蛇头，有六只脚，眼睛细长
功效：食其肉可使人不患梦魇症，防御凶灾

> 《山海经·西山经》原文有"（英鞮之山）是多冉遗之鱼，鱼身蛇首六足，其目如马耳，食之使人不眯，可以御凶"的说法。

英鞮山上生长着茂密的漆树林，山下则蕴藏着丰富的金属矿产和玉石，山林间往来的各种飞禽鸟兽全部都是白色的。山中有一条涴水，水中有很多看起来很恐怖的鱼，这种鱼有着鱼的身子、蛇的头，娇小的身躯却有六只脚，眼睛细长，看起来像马的耳朵。

在传说中冉遗鱼的肉功效奇特，吃了它的肉就可以使人不患梦魇症，还可以防御凶灾。

相传当年有一个国家的皇帝一直都非常勤政爱民，但是自从他出巡过一次之后，回到皇宫内便经常会发生梦魇。

有时候梦中会发生各种恐怖的事情，比如被人推到井里活活淹死，被叛军占领皇宫之后万箭穿心而死，被人用腰带勒死，被人掐住脖子窒息而死等，每次醒来都会惊得他一身的冷汗。

甚至有时候他还会觉得自己明明已经清醒了，但是身体好像被一种莫名的力量困住了，眼睛也睁不开，呼吸也不顺畅，胸口闷闷的，像是被人压住了一样。

这些恐怖的梦魇，使得皇帝的精神状态越来越差，平时一旦有个风吹草动，皇帝就会如惊弓之鸟一般吓一跳。

睡眠严重不足，再加上神经紧张，皇帝很快就病倒了。

深受梦魇症困扰的皇帝眼底一片青黑，眼中布满了红血丝，看起来非常瘆人，奈何御医们看不出丝毫的问题。于是皇帝只好发出公告，召集天底下的奇人异士前来寻找应对之法，如果能成功治愈皇帝，便赏黄金万两。

公告一经发出，全国的人民都震动了，有能力的人纷纷前往皇城，但是始终没能治愈皇帝的梦魇症。

直到有一天出现了一位打鱼人，皇宫的侍卫挥手让他离开。"那么多能人都没能治愈皇上，你区区一个打鱼的，怎么可能治愈皇帝呢？"

"让我试试吧，万一呢！"侍卫觉得他就是来捣乱的，正要将他轰走，恰巧碰到了皇帝身边的近臣。大臣正在为皇上的病发愁，一丝希望也不想放弃，于是就将打鱼人带进宫去。

打鱼人将自己带的冉遗鱼交给了御膳房，便被人送了出去。

晚上，皇帝吃到了冉遗鱼做成的佳肴。当晚，他难得睡了一个好觉，没有做任何的噩梦。

他高兴地追问这是怎么一回事，侍卫不敢有丝毫的隐瞒，将所有的事和盘托出。

皇帝极为高兴，立刻就封赏了打鱼人。

打鱼人拿到黄金回到村中，所有人都非常羡慕，纷纷询问："怎么御医都治不好的病，你就给治好了呢？"

打鱼人将冉遗鱼的功效告诉了大家，大家这才了解到原来都是冉遗鱼的功劳啊！

52 引发大战的鱼

鳋（sāo）鱼

分类：鱼类
地域：鸟鼠同穴山
外貌：身形似鳝（zhān）鱼
特点：出现会带来大战

《山海经·西山经》中有"其中多鳋鱼，其状如鳝鱼，动则其邑有大兵"的说法。

古时候有这样一座名字很有意思的山，叫作鸟鼠同穴山，在这座山中的鸟和老鼠经常居住在同一个洞穴中，山便由此得名。当然鸟鼠同穴山中并非只有鸟和老鼠，还有很多白色的老虎和洁白的玉石。

这座山是渭水的发源地，水中有很多鳋鱼，鳋鱼的形状看起来就像是普通的鳝鱼，传说中它出现在哪个国家，哪个国家就会有大战发生。

在古代，渭水从鸟鼠同穴山发源，然后一路向东流入黄河，因此生活在渭水中的鳋鱼也会随着河流分散到各地去。

有一天，一个地方的渔民将这种鳋鱼打捞上岸，带回家中烹饪。没想到做出来的鱼肉十分细嫩，就如同豆腐一般，煮出的汤鲜美异常，光是这气味就能够让人流出口水了。

按道理说，这样的鱼汤肯定会在房间留下浓重的腥味，可偏偏这鱼汤非但不油腻，反倒有一股幽兰一样的清香，衬得这简单的房屋如同雅舍一般。

常年打鱼的渔民一下子就了解到了这种鱼的价值，于是第二天又

捕捉了很多鳡鱼，将它送到了镇上的酒楼之中。

很快酒楼就凭借着鳡鱼的鲜美，征服了整座城中的爱美食的人，成为当时首屈一指的酒楼。每天酒楼里都宾客盈门，掌柜高兴得不得了。

然而这种幸福的日子没过多久，这里就发生了很严重的暴乱。一时间所有人都仓皇逃窜，生怕被战争波及，举家搬迁的人更不在少数。

大军都打到家门口来了，谁还有闲心去吃鱼呢？

打鱼人也因为大战即将爆发，害怕得带着家人跑了。几经辗转，他们终于躲到了相对靠北的地方，在此定居下来。

在逃离的过程中，原先卖鳡鱼的钱已经花得差不多了，于是打鱼人只好重操旧业。

这里的鱼比较少，并且口感一般，这让打鱼人越发想念鳡鱼的鲜美。他们一家人在这个地方生活了几年，日子比较清苦。

直到有一天，打鱼人又看到了鳡鱼的踪影，连忙打捞上来带回了家。这一晚，他们一家人时隔多年又一次吃到了美味的鳡鱼。

打鱼人又一次将鳡鱼卖给了酒楼，换取了一大笔金钱。可惜好景不长，战争又一次在他们身边爆发了。

打鱼人不得不和家人重新上路，后来他发现每当他看到鳡鱼，过不了多久这个地方就会发生大战。

他将这个发现和家人说了，全家人一致决定，下次看到鳡鱼也不要去打捞。

结果就这样，鳡鱼再也没有出现在这个城镇过，战争也始终没有再次发生。

打鱼人一家人在这里过完了一生，并将鳡鱼的故事告诉了自己的子孙后代，代代相传。

53 猴身鸡爪的鱼

分类： 水怪类
地域： 少室山
外貌： 身形似猕猴，公鸡般的爪子，白色的脚
特点： 食其肉可去除疑心病，帮助人躲避兵器伤害

《山海经·中山经》中有"其中多鯑鱼，状如蜼螿而长距，足白而对，食者无蛊疾，可以御兵"的说法。

少室山是休水的发源地，休水从这里向北注入洛水。人们经常能在这附近的各种水中看到一种特别怪异的鱼，这种鱼的形状和普通的鱼不一样，它的形象很特别，就像猕猴一样，却长着公鸡一样的爪子，有着白色的脚，相对而生，这就是鯑鱼。

传说鯑鱼的肉可以去除人们的疑心病，不仅如此，鯑鱼还能够帮助人们躲避兵器的伤害。

当年有一个边陲小国，国家虽然不大，但是皇室的人口非常多，光是皇子就有十多个，等年迈的皇上准备传位的时候，所有觉得自己有望登上皇位的皇子就都开始有所动作。

一场激烈而残酷的夺位战拉开序幕。最终三皇子获胜，除了支持他的五皇子、六皇子和八皇子之外，其余皇子都在这次不见硝烟的战争中失去了生命。

三皇子登基成为新帝，开始执政，在他的英明领导下，百姓安居乐业，朝堂上下一片和睦，所有人都觉得他们选对了帝王，就连五皇子、六皇子和八皇子也这么认为。

时间飞逝，十几年过去了，新帝习惯了生活环境中的尔虞我诈、

刀光剑影，尤其是在发现自己很信任的幕僚原来是别国奸细之后，患上了很严重的疑心病。

他开始变了，他无法信任自己身边的任何人，即使是结发的妻子、一母同胞的兄弟、陪伴自己长大的侍者，通通都在他时时刻刻的试探之中，他们稍有不对就很有可能招来杀身之祸，一时间人人自危。

当年支持新帝的三位皇子，如今已经被封为王爷。三人小聚，说起皇帝的疑心病，相互大吐苦水。

"天天面对皇上的提问，我每天都提心吊胆的，就怕一句话说错，便惹来祸患。"

"就没有什么办法让皇上不再这样疑神疑鬼了吗？"三人对视一眼，纷纷陷入了沉思。

"臣有一计，不知当不当说。"身后的谋士忽然出声。

"但说无妨。"

"传说少室山上有一种像猕猴一样的鱼，叫鯑鱼，它的肉可治疗疑心病，还能助人免受兵器的伤害。"

三个王爷顿时感到很惊奇，就派人去找，果真找到这种鱼，于是连忙将这种鱼献给了皇上。他们不敢说鯑鱼能治疗疑心病，只说这鱼能够助人免受兵器的伤害。

皇帝听了很心动，毕竟他很担心别人会来刺杀他，于是很痛快地给予了他们赏赐，当天中午就将鯑鱼吃了。随后他用小刀割了一下自己的手，果然没有伤痕，顿时龙颜大悦。

此后，皇帝的疑心病悄无声息地好了，身边的人都松了口气，三个王爷相视一笑，深藏功与名。

54 长着十个翅膀的鱼

鳛(xí)鳛鱼

分类：水怪类
地域：涿光山
外貌：身形似喜鹊，有十只翅膀，翅膀羽毛末端有鳞片
特点：可抵御火灾，食其肉可预防黄疸病

> 《山海经·北山经》中有"其中多鳛鳛之鱼，其状如鹊而十翼，鳞皆在羽端，其音如鹊，可以御火，食之不瘅"的说法。

古代有一座涿光山，山上有一条嚣水，水中有很多鳛鳛鱼，这种鱼的外形看起来和喜鹊有些相似，长着十只翅膀，翅膀的羽毛末端有一层薄薄的鳞片。不仅外形和喜鹊相似，鳛鳛鱼的叫声也和喜鹊差不多。

鳛鳛鱼不但能在水中快速地游动，还能在空中飞行。它翅膀羽毛末端的鳞片是在水中保护羽毛的重要"道具"，而当鳛鳛鱼和别的动物发生冲突的时候，这些鳞片就会瞬间化身为尖锐的武器，保护鳛鳛鱼的安全。

在民间传说中，鳛鳛鱼具有防火功能，可以抵御火灾，而且吃它的肉还可以预防黄疸病。

古时候，有一户富贵人家，他们的老爷是个爱鱼之人，为了养鱼，特地在宅院之中修建了一个大大的池子。

一天，他跟管家路过集市，看到一群人围在那里，好奇之下，便让管家去打听。

原来是卖鱼的人打捞到一条非常奇特的鱼，声音像喜鹊，长有翅

膀，还能飞。

老爷一听顿时来了兴致，便跟随管家挤进了人群之中。一看，果真这鱼还扑棱着翅膀呢！

"这是鳎鳎鱼，能在水中游，还能在天空中飞……"卖鱼的人看到来了新的顾客赶忙介绍。

当有人问起这鳎鳎鱼的价格，立刻就被卖鱼人的定价吓跑了。

"太贵了！"

"此等奇鱼世间少有，就连我也是意外打捞出一条来，这价钱已经不贵了。"卖鱼的人一再劝说。

"我买了！"老爷大手一挥，管家立刻上前给钱。卖鱼人眉开眼笑，连忙给他打包好。

老爷将鳎鳎鱼带回家中，为它找了一个大大的鱼缸，但又担心它飞走，于是在上面挂上了纱网。

对于这条鳎鳎鱼，老爷十分喜爱，就放在自己的房间，亲自喂养。

日子一天天过去，老爷的巨额财富被坏人盯上，想要放火将他直接烧死，所以在宅子周边放了很多干草。夜里，所有人都睡着之后，坏人将火把一扔，大火瞬间就燃烧起来。

大火吞噬了整间房屋，等被人发现的时候，火势已经不可控制了，尤其是老爷所在的主屋。

火一直到第二天才被扑灭，所有人都以为老爷肯定遇难了。可谁知老爷打开门，看到外面却是一脸的意外。他昨天一点也没感觉到着火啊！

人们进去一看，果真房间里一点都没有被大火损坏。所有人都蒙了，这是怎么回事呢？

老爷环顾房间，目光最终锁定在了这条鳎鳎鱼身上："定是这鱼救了我一命。"

大家纷纷惊呼神奇，后来这件事情就传了出去，鳎鳎鱼可以防火的事情也被人熟知。

55 鱼头猪身的鱼 鲐(xiàn)父鱼

分类：水怪类
地域：阳山
外貌：形似鲫鱼，鱼头猪身
功效：食其肉可治疗呕吐症

《山海经·北山经》中有"其中有鲐父之鱼，其状如鲋鱼，鱼首而彘身，食之已呕"的说法。

阳山之上有很多野兽，像牛一样的领胡、五彩鸟的后裔象蛇等，除此之外，在这里发源的留水中还有一种叫作鲐父鱼的鱼类。它们的形状和一般的鲫鱼类似，长着鱼的头，却有着猪的身子。在传说中鲐父鱼的肉可以治愈呕吐症。

当年在阳山之下的小山村中有一对恩爱的夫妻，他们十分相爱，丈夫经常上山打猎，妻子则在家中料理家务。

妻子因为早年身体不好，所以一直没能怀孕，直到近几年才调养好身体。在丈夫的精心照料下，妻子终于怀上了孩子。

但是体弱的妻子经常孕吐，常常是刚吃下东西就立马难受得想吐出来，一连半个月都是如此，原本圆润的脸慢慢变得消瘦起来，看得丈夫十分心疼。

这样下去也不是办法呀！丈夫心急如焚，好心的邻居大婶告诉他，山上有一种叫作鲐父鱼的鱼，这种鱼的肉可以治愈呕吐。

丈夫听完赶忙道谢，安置好妻子之后，拿着工具就向阳山而去。

丈夫一路小心地来到阳山之上，走到留水边便开始寻找鲐父鱼的踪迹。

听大婶说，鮎父鱼经常潜伏在石块和水藻的下面，非常容易受到惊吓，一旦被吓到，就会立刻迅速游动，逃到安全的水域，所以丈夫不敢轻举妄动。

他小心翼翼地在水边趴下，手中紧握着鱼叉，眼睛不停地在水中搜索。正巧看到一块石头下面，有一条头向上的鮎父鱼。

他眼睛一亮，屏住呼吸，猛然用力，鱼叉精准地向鮎父鱼插去。

鮎父鱼受到攻击猛然挣扎了几下，但已然被插得死死的了，一会儿便死了。

丈夫仔细地观察着手中的鱼，鱼头猪身，果然是鮎父鱼。

于是他又用渔网捕捉了好几条鮎父鱼，傍晚时分带着桶里的鮎父鱼回到了家中。

"这是什么？"妻子好奇地看着水中的鮎父鱼。

"这是鮎父鱼，吃了它，你就不会呕吐了。"丈夫一边生火一边回答她。

"有这么神奇吗？"

"试试就知道了。"

晚上，妻子将鮎父鱼一点点吃下，竟然没有感受到任何的呕吐之意，胃口都变好了很多。

"好神奇啊，我果然没有想吐！"

丈夫也很开心，总算是没有白费功夫。

后来再遇到别人呕吐不止的情况，夫妻二人都会将鮎父鱼的神奇功效告诉人家，久而久之此事就越传越广了。

56 鱼身猪尾的鱼 — 鲑（tuán）鱼

分类：鱼类
地域：鸡山
外貌：形似鲫鱼，长着猪毛和猪尾巴
特点：可预知干旱，出现则天下大旱，生物灭绝

> 《山海经·南山经》中有"其中有鲑鱼，其状如鲋而彘毛，其音如豚，见则天下大旱"的说法。

古代的鸡山之上有一条黑水河，黑水中有一种长相怪异的鱼，它的形状和鲫鱼相似，却长着猪毛和猪尾，就连声音也像小猪叫一样，人们给它起名为鲑鱼。

相传鲑鱼有预知干旱的能力，一旦它出现，那么河流就会干枯，大地就会龟裂，所有的水源全部蒸发殆尽，生物几乎灭绝。

当年在鸡山的山脚下有一个小城镇，镇上的人们自给自足，过着世外桃源般的生活。

有一天，人们在田地里勤奋耕种，正准备到河边挑水灌溉的时候，他们忽然发现湖边出现了一种长相非常怪异的鱼，鱼身猪尾。

"这是猪，还是鱼啊？"有人好奇地打量着这条鱼。

鱼在水中挣扎着，向上露出水面，发出猪叫的声音。

"哇，好神奇啊，居然和猪叫得一样。"

看热闹的人越来越多，大家都对这难得一见的怪鱼非常好奇。

"快来人哪，出事啦！"忽地后面传来村民的大喊声，大家顾不上看热闹纷纷往回跑。

"怎么啦？出什么事了？"

"庄稼，庄稼都干了。"那人哭丧着脸说。

"怎么会这样呢？刚才还好好的。"人们不敢相信，自己只是看了一会儿热闹，庄稼怎么就干枯了呢？

"还愣着做什么，赶紧去挑水来啊！"一语惊醒梦中人，人们赶快拿着水桶往河边跑。

可到了河边才是真的吓坏了，刚刚还满满当当的河水，现在已经消失殆尽了，只留下那条怪鱼还在那里。

随着水分不断流失，气温渐渐升高，不过一会儿的时间，周围就宛如蒸笼一般。

慌乱的人们看着那鱼："肯定是这条鱼带来了干旱的灾难！"

人们乱作一团，水桶里仅剩下的一点点水被所有人争抢起来。

这一年，天降大旱，生物纷纷灭绝，人们将带来灾难的鲐鱼看作凶兽，代代相传，告诫世人。

57 长着鸟头的乌龟 旋龟

分类：水怪类
地域：怪水
外貌：形似乌龟，鸟头蛇尾
特点：佩戴可使人耳朵不聋，还可治疗足底的老茧

《山海经·南山经》中有"其中多玄龟，其状如龟而鸟首虺尾，其名曰旋龟，其音如判木，佩之不聋，可以为底"的说法。

中国古代有一怪水，水中有一种生物，它的样貌体态和普通的乌龟相似，但是身上长着鸟的头和毒蛇的尾巴，看起来十分吓人，这就是传说中的旋龟。

旋龟的叫声像是木头被刨开的声音，传说中旋龟的功效有很多，将旋龟佩戴在身上可以使耳朵不聋，并且还可以治疗足底的老茧。

当年在西部的一个国家，国富民安，百姓生活非常美好。他们的皇帝也非常英勇，多次御驾亲征，将前来侵犯国家的敌军全部打了回去，这些国家对他俯首称臣，每年向他的国家进贡。

但是在一次战役中，皇帝不慎中毒受伤，猛烈的毒性虽然没有使他丧命，却夺走了他的听力。

全部的御医都束手无策，皇帝愤怒而又无力，他甚至听不到自己说话。自此以后，他与人交流全都要靠用笔写了，这是何等的悲哀啊！

虽然很痛苦，可作为一国之君，皇帝还是很快就振作起来了。在他坚持不懈的努力下，国家依旧运转得非常好。

这天到了各国使臣前来进贡的日子，皇帝虽然听不到声音，但还是要接见他们，于是，他让身边写字快的大臣就近服侍，将使者的话记录给他看，然后他再回应。

就这样，一个个国家开始进贡，各种奇珍异宝、粮食马匹纷纷被送到了宫中。

"古国奉上旋龟两只——"大臣将贡品写在纸上递给皇帝。

"传言若是将旋龟佩戴于身上，便可使耳朵听得非常清楚，我们听闻贵国皇帝受伤，耳朵有疾，特地献上这两只旋龟，希望能有所帮助。"古国的使者非常诚恳地说。

侍者将旋龟呈上，为皇帝佩戴在身上。

皇帝只觉得隐隐约约可听到一些声音了，慢慢地他能听得越发清楚——风吹动树叶的声音、鸟叫的声音、下面各国使者窃窃私语的声音。

"好！世上竟有如此神奇的异兽，真是让古国费心了，赏！"皇帝一时间龙颜大悦，大笑出声。

"谢谢陛下！"

各国使臣从来没听说过旋龟这种生物，一下子听闻它有这种奇效，纷纷记下。等进贡结束，回到自己的国家，他们将旋龟之事禀报国主，由此旋龟之传说就这样传遍天下了。